CINCO MENTES PARA O FUTURO

G227c Gardner, Howard
       Cinco mentes para o futuro / Howard Gardner ; tradução Roberto Cataldo Costa. – Porto Alegre : Artmed, 2007.
       160 p. : il ; 23 cm.

       ISBN 978-85-363-0925-5

       1. Psicologia Cognitiva. 2. Cognição. 3. Mente. 1. Título.

       CDU 159.95

Catalogação na publicação: Juliana Lagôas Coelho – CRB 10/1798

HOWARD GARDNER

Professor de Cognição e Educação e
Diretor do Projeto Zero da Universidade de Harvard

CINCO MENTES PARA O FUTURO

Tradução:
Roberto Cataldo Costa

Consultoria, supervisão e revisão técnica desta edição:
Rogério de Castro Oliveira
Doutor em Educação. Professor titular da UFRGS.

Obra originalmente publicada sob o título *Five Minds for the Future*
ISBN 978-1-59139-912-4

Original work © 2007 Howard Gardner
Published by arrangement with Harvard Business School Press

Capa: *Gustavo Macri* – A partir do original

Preparação do original: *Aline Pereira de Barros*

Supervisão editorial: *Mônica Ballejo Canto*

Editoração eletrônica: *Formato Artes Gráficas*

Reservados todos os direitos de publicação, em língua portuguesa, à
ARTMED® EDITORA S.A.
Av. Jerônimo de Ornelas, 670 - Santana
90040-340 Porto Alegre RS
Fone (51) 3027-7000 Fax (51) 3027-7070

É proibida a duplicação ou reprodução deste volume, no todo ou em parte, sob quaisquer formas ou por quaisquer meios (eletrônico, mecânico, gravação, fotocópia, distribuição na Web e outros), sem permissão expressa da Editora.

SÃO PAULO
Av. Angélica, 1091 - Higienópolis
01227-100 São Paulo SP
Fone (11) 3665-1100 Fax (11) 3667-1333

SAC 0800 703-3444

IMPRESSO NO BRASIL
PRINTED IN BRAZIL
Impresso sob demanda na Meta Brasil a pedido de Grupo A Educação.

*Para Oscar Bernard Gardner
que personifica nossos futuros*

Agradecimentos

Agradeço a vários grupos de pessoas e instituições que contribuíram de muitas maneiras para este livro. O primeiro grupo é de colegas com quem tenho trabalhado por muitos anos: membros do Projeto Zero da Universidade de Harvard, que me ajudaram a entender as mentes disciplinada, sintetizadora e criadora, e pesquisadores do Projeto GoodWork, que me ajudaram a definir os contornos das mentes respeitosa e ética. O segundo grupo é formado por: Claudia Cassanova e Carme Castells, que inicialmente me convidaram para contribuir com a edição deste livro em espanhol para a série Asterisk, e Hollis Heimbouch que apoiou este trabalho, desde sua primeira versão. Também quero mencionar suas habilidosas e entusiasmadas colegas Elizabeth Baldwin, Erin Brown, Daisy Hutton, Susan Minio, Zeenat Potia, Brian Surette, Sandra Topping, Christine Turnier-Vallecillo e Jennifer Waring. Em terceiro lugar, agradeço às diversas fundações e às pessoas generosas que apoiaram a pesquisa que formaram a base para este livro. Por fim, devo profunda gratidão aos meus competentes assistentes Christian Hassold, Casey Metcalf e Lindsay Pettingill; a meu exemplar agente literário Ike Williams e sua sempre prestativa colega Hope Denekamp, e a minha esposa Ellen Winner, que sempre consegue um equilíbrio sofisticado entre crítica e estímulo.

Sumário

1. As mentes vistas do ponto de vista global 11
2. A mente disciplinada 27
3. A mente sintetizadora 45
4. A mente criadora 71
5. A mente respeitosa 91
6. A mente ética 111
7. Conclusão – Rumo ao cultivo das cinco mentes 133

Índice 145

1
As mentes vistas do ponto de vista global

UMA INTRODUÇÃO PESSOAL

Há várias décadas, como pesquisador da psicologia, venho refletindo sobre a mente humana. Estudei como se desenvolve, como se organiza, como é formada em toda sua amplitude. Estudei como as pessoas aprendem, como criam, como lideram, como mudam as mentes de outros ou suas próprias. Em grande parte, tenho me contentado em descrever as operações típicas da mente – o que já é, em si, uma tarefa assustadora – mas, em algumas ocasiões, também apresentei visões sobre como deveríamos usar nossas mentes.

Em *Cinco mentes para o futuro*, arrisquei-me a ir mais longe. Ao mesmo tempo em que afirmo não ter bola de cristal, trato dos tipos de mentes de que as pessoas vão necessitar para prosperar no mundo – para *prosperarmos* – nos tempos que se avizinham. A maior parte de minha iniciativa permanece descritiva, ou seja, especifico as operações das mentes de que vamos precisar. Contudo, não posso esconder o fato de que também me dedico a um "empreendimento de valores": as mentes que descrevo também são aquelas que acredito que *devamos* desenvolver no futuro.

Por que a mudança, de descrição para prescrição? No mundo interconectado em que a ampla maioria dos seres humanos vive atualmente, não basta enunciar o que cada indivíduo ou grupo precisa para sobreviver em seu próprio meio. A longo prazo, não é possível que partes do mundo prosperem enquanto outras permanecem desesperadamente pobres e profundamente frustradas. Relembrando as palavras de Benjamin Franklin, "Devemos nos agarrar uns aos outros, ou, certamente, acabaremos sendo agarrados sozinhos". Mais além, o mundo do futuro, com seus onipresentes mecanismos de busca, robôs e outros dispositivos computacionais, exigirá capacidades que até agora não passavam de opções. Para responder a esse novo mundo em seus próprios termos, precisamos começar agora a cultivar essas capacidades.

Como seu guia, vou usar diversos figurinos. Como psicólogo com formação em ciências cognitivas e neurociência, muitas vezes me servirei daquilo que sabemos, a partir de uma perspectiva científica, sobre o funcionamento da mente humana e do cérebro humano. Todavia, os seres humanos diferem de outras espécies por possuírem história e pré-história, centenas e centenas de culturas e subculturas diversas, e a possibilidade de fazer escolhas conscientes e informadas. Sendo assim, também utilizarei a história, a antropologia e outras disciplinas humanísticas. Como estou especulando sobre os rumos a que se encaminham nossa sociedade e nosso planeta, as considerações políticas e econômicas ocupam espaço importante. E, mais uma vez, contrabalanço essas perspectivas acadêmicas com a lembrança permanente de que uma descrição de mentes não pode escapar à consideração de valores humanos.

Já chega de introdução. É hora de trazer ao palco as cinco personagens desta apresentação literária. Cada uma delas foi importante historicamente e cada uma situa-se em um lugar ainda mais crucial no futuro. Com essas "mentes," como refiro-me a elas, uma pessoa estará bem equipada para lidar com aquilo que se espera, bem como com o que não se pode prever. Sem elas, estará à mercê de forças que não consegue entender, muito menos controlar. Darei uma breve descrição de cada mente e, no decorrer do livro, explicarei como funciona e como pode ser cultivada em todas as idades por aqueles que aprendem.

A *mente disciplinada* é aquela que dominou pelo menos uma forma de pensar – um modo distintivo de cognição que caracteriza uma determinada disciplina acadêmica, um ofício ou uma profissão. Muitas pesquisas confirmam que leva até 10 anos para se dominar uma disciplina. A mente disciplinada também sabe como trabalhar de forma permanente, ao longo do tempo, para melhorar a habilidade e o conhecimento – em linguagem comum, é altamente disciplinada. Sem pelo menos uma disciplina em sua bagagem, o indivíduo está fadado a dançar conforme a música de outros.

A *mente sintetizadora* recebe informações de diferentes fontes, entende e avalia objetivamente essas informações e as reúne de maneira inteligível ao sintetizador e também a outras pessoas. Valiosa no passado, a capacidade de sintetizar torna-se ainda mais crucial à medida que a informação continua a acumular-se em ritmo estonteante.

A partir da disciplina e da síntese, a *mente criadora* rompe barreiras: apresenta novas idéias, propõe questões desconhecidas, evoca formas inéditas de pensar, chega a resposta inesperadas. Essas criações deverão ser aceitas por consumidores bem-informados. Por ter os pés em território ainda não governado por regras, a mente criadora busca manter-se pelo menos um passo adiante até mesmo dos mais sofisticados computadores e robôs.

Reconhecendo que hoje em dia não se pode permanecer dentro da própria casca ou do território conhecido, a *mente respeitosa* observa e acolhe diferenças entre seres humanos e entre grupos humanos, tenta entender esses "outros" e busca trabalhar de forma eficaz com eles. Em um mundo em que todos estamos interligados, a intolerância e o desrespeito não constituem mais uma opção viável.

Atuando em nível mais abstrato do que a mente respeitosa, a *mente ética* reflete sobre a natureza do próprio trabalho e sobre as necessidades e os desejos da sociedade em que vive. Essa mente conceitua de que forma os trabalhadores podem cumprir propósitos que estejam além do interesse próprio e como os cidadãos podem trabalhar de forma generosa para a melhoria de todos. Depois, atua com base nessas análises.

Seria razoável perguntar: por que essas cinco mentes específicas? A lista poderia ser alterada ou ampliada? Minha resposta breve é: as cinco mentes recém-apresentadas são os tipos particularmente valorizados no mundo de hoje e o serão, mais ainda, amanhã. Elas cobrem o espectro cognitivo e o empreendimento humano, no sentido de que são abrangentes e globais. Hoje sabemos um pouco como cultivá-las. É claro que pode haver outras candidatas. Durante a pesquisa para este livro, cogitei candidatas que iam da mente tecnológica à mente digital, da mente de mercado à mente democrática, da mente flexível à mente emocional, da mente estratégica à mente espiritual. Estou preparado para defender meu quinteto vigorosamente, o que é, na verdade, a tarefa fundamental do restante deste livro.

Este também pode ser o lugar para anteciparmo-nos a uma confusão compreensível. Minha principal qualificação para a fama se deu através de minha apresentação, alguns anos atrás, da teoria das inteligências múltiplas (IM), segundo a qual todos os seres humanos possuem uma série de capacidades cognitivas relativamente autônomas, cada uma delas designada por mim como uma inteligência separada. Por várias razões, as pessoas diferem entre si em seus perfis de inteligência, e esse fator tem conseqüências significativas na escola e no local de trabalho. Ao explanar sobre as inteligências, eu escrevia como psicólogo e tentava entender de que forma a inteligência opera dentro do crânio.

As cinco mentes postuladas neste livro são diferentes das oito ou nove inteligências humanas. Em lugar de distintas capacidades computacionais, elas são melhor concebidas como usos amplos da mente que podem ser cultivados na escola, nas profissões ou no local de trabalho. É claro que as cinco mentes fazem uso de nossas várias inteligências: por exemplo, o respeito é impossível sem o exercício das inteligências interpessoais. Sendo assim, quando for o caso, invocarei a teoria das IM. Porém, em grande parte deste livro, falo sobre políticas em lugar de psicologia e, como conseqüência disso, aconselha-se ao leitor pensar sobre essas mentes na condição de formulador de políticas e não de psicólogo. Ou seja, minha preocupação é convencê-lo da necessidade de cultivar essas mentes e ilustrar as melhores formas de fazê-lo, em lugar de delinear capacidades perceptivas e cognitivas específicas que sustentam as mentes.

Para colocar um pouco de carne nesses ossos, falarei em termos pessoais e contarei um pouco de minhas próprias experiências com esses tipos de mentes. Escrevo como acadêmico e como autor no campo das ciências sociais e da educação, como pessoa que tem experiência considerável na gestão de um grupo de pesquisa, mas a tarefa de cultivar mentes vai muito além das responsabilidades de professores de escolas ou universidades e constitui um grande desafio para todos os indivíduos que trabalham com outras pessoas. Dessa forma, ao explicar essas mentes, comentarei como elas tomam forma em outras carreiras, especialmente nos negócios e nas profissões com formação superior.

DISCIPLINADA

Desde pequeno, eu já adorava colocar palavras no papel, e continuei a gostar disso por toda a minha vida. Como conseqüência, desenvolvi as habilidades de planejamento, execução, crítica e ensino de redação. Também trabalhei sempre para melhorar minha escrita, personalizando assim o segundo significado da palavra *disciplina*: treinar para aperfeiçoar uma habilidade.

Minha disciplina formal é a psicologia, e foi necessária uma década para que eu pensasse como psicólogo. Quando me deparo com uma controvérsia sobre a mente humana ou sobre o comportamento humano, penso imediatamente sobre como estudar a questão empiricamente, quais grupos de controle organizar, como analisar os dados e revisar minhas hipóteses quando for necessário.

Voltando a atenção à gestão, tenho muitos anos de experiência supervisionando grupos de assistentes de pesquisa de vários portes, objetivos e missões, e tenho as lições e as cicatrizes de batalha para mostrar. Minha visão foi enriquecida observando reitores, diretores e chefes de departamento bem-sucedidos e outros nem tanto, na universidade, falando e prestando consultorias para grandes empresas e estudando liderança e ética nas profissões nos últimos 15 anos. Não resta dúvida de que gestão e liderança são disciplinas, que, ainda que sejam consideradas estudos científicos, são melhor concebidas como ofícios. Na mesma linha, qualquer profissional – seja um advogado, um arquiteto, um engenheiro – deve dominar os corpos de conhecimento e seus procedimentos fundamentais para que esteja habilitado a fazer parte da corporação correspondente. E todos nós – acadêmicos, líderes empresariais, profissionais – devemos aperfeiçoar continuamente nossas habilidades.

SINTETIZADORA

Quando era estudante, eu gostava de ler textos distintos e aprender com palestrantes destacados e diferenciados. Depois, tentava entender essas fontes de informação, agrupando-as de formas produtivas, pelo menos para mim. Ao redigir trabalhos e me preparar para provas que seriam avaliadas por outras pessoas, eu me servia dessa habilidade de síntese, cada vez mais aperfeiçoada. Quando comecei a escrever artigos e livros, os primeiros foram principalmente trabalhos de síntese, livros-texto de psicologia social e do desenvolvimento e, talvez o mais inovador, a primeira análise da ciência cognitiva com fôlego de livro.[1]

Esteja-se trabalhando em uma universidade, em um escritório de advocacia ou em uma empresa, o trabalho do gestor demanda síntese. Ele deve refletir sobre o trabalho a ser feito, sobre os vários funcionários à disposição, sobre suas atribuições e habilidades atuais, e sobre como melhor executar a prioridade do momento e avançar para a próxima.

Um bom gestor também reflete sobre o que foi feito nos últimos meses e tenta visualizar como melhor cumprir as missões futuras. À medida que começa a desenvolver novas missões, comunicá-las a colegas e pensar sobre como concretizar essas inovações, ele invade as esferas da liderança estratégica e da criatividade do negócio ou da profissão. E, obviamente, sintetizar o atual estado de conhecimento, incorporar novas descobertas e delinear novos dilemas fazem parte integrante do trabalho de qualquer profissional que deseje permanecer atualizado em seu ofício.

CRIADORA

Um momento fundamental em minha carreira acadêmica foi minha publicação, em 1983, de *Estruturas da mente: a teoria das inteligências múltiplas*.[2] Na época, considerava esse trabalho como uma síntese da cognição de muitas perspectivas disciplinares. Mais tarde, entendi que *Estruturas da Mente* era diferente de meus livros anteriores. Eu estava questionando diretamente a visão consensual de inteligência e postulando minhas próprias noções iconoclastas, que, por sua vez, estavam maduras para críticas consistentes. Desde então, meu trabalho acadêmico é melhor descrito como uma série de tentativas de romper barreiras – esforços para forjar novos conhecimentos sobre criatividade, liderança e ética – do que como sínteses de trabalhos existentes. Posso acrescentar que essa seqüência é incomum. Nas ciências exatas, trabalhadores mais jovens têm mais probabilidades de chegar a rupturas criativas, ao passo que os mais velhos geralmente elaboram sínteses.

Em geral, buscamos nos líderes, e não nos gestores, exemplos de criatividade. O líder de transformações cria uma narrativa contundente sobre as missões de sua organização ou comunidade política, corporifica essa narrativa em sua própria vida e é capaz, por meio da persuasão e do exemplo pessoal, de mudar pensamentos, sentimentos e comportamentos daqueles que busca liderar.

E o que dizer do papel da criatividade no cotidiano de trabalho do profissional comum? Grandes rupturas criativas são relativamente raras nos campos da contabilidade ou da engenharia, no direito ou na medicina. Na verdade, faz-se bem em suspeitar de afirmações sobre um método radicalmente novo, recém-descoberto de fazer contabilidade, construir pontes, realizar cirurgias, entrar com ações na justiça ou gerar energia. Cada vez mais, contudo, as recompensas vão para aqueles que produzem mudanças pequenas, mas significativas, na prática profissional. Eu aplicaria prontamente o descritor *criativo* ao indivíduo que descobre como realizar auditoria dos livros em um país em que as leis tenham sido mudadas, e o valor da moeda, alterado, três vezes em um ano, ou ao advogado que garanta como proteger a propriedade intelectual em condições de volatilidade monetária (política, social ou tecnológica).

RESPEITOSA E ÉTICA

Ao mudarmos o foco para os dois últimos tipos de mente, faz-se necessário um conjunto diferente de análises. Os primeiros três tipos de mentes lidam basicamente com formas cognitivas, e os dois últimos, com nossas relações com outros seres humanos. Um desses dois últimos (respeitosa) é mais concreto, o outro (ética), mais abstrato. Além disso, as diferenças entre especializações profissionais tornam-se menos importantes, pois estamos lidando com o modo como os seres humanos – sejam eles cientistas, artistas, gestores, líderes, artesãos ou profissionais – pensam e agem no decorrer de suas vidas. Assim sendo, tentarei aqui falar para todos nós, e em nosso nome.

Com relação ao respeito, independentemente de eu (ou você) estar escrevendo, pesquisando ou administrando, é importante evitar estereótipos ou caricaturas. Devo tentar entender as outras pessoas em seus próprios termos, dar um salto imaginativo quando for necessário, buscar transmitir minha confiança nelas e tentar, ao máximo, trabalhar conjuntamente com elas e ser digno de sua confiança. Esse exemplo não significa que eu ignore minhas próprias visões, nem que tenha que aceitar ou perdoar todos os que encontrar (o respeito não implica uma "licença" para terroristas), mas tenho a obrigação de fazer o esforço, e não simplesmente partir do pressuposto de que aquilo que acreditei um dia com base em impressões dispersas é necessariamente verdadeiro. Essa humildade, por sua vez, pode engendrar respostas positivas nos outros.

Na forma em que estou usando o termo, a *ética* também está relacionada a outras pessoas, mas de forma mais abstrata. Ao assumir posturas éticas, um indivíduo tenta entender seu papel como trabalhador e como cidadão de uma região, de um país e do planeta. Em meu próprio caso, pergunto: quais são minhas obrigações como pesquisador científico, autor, gestor, líder? Se estivesse sentado do outro lado da mesa, se ocupasse outro nicho na sociedade, o que teria direito de esperar daqueles "outros" que pesquisam, escrevem, administram, lideram? E, para assumir uma perspectiva ainda mais ampla, em que tipo de mundo eu gostaria de viver se, para usar a expressão de John Rawls, eu estivesse envolto em um "véu de ignorância" com relação à posição que, afinal de contas, ocupo no mundo?[3] Qual é a minha responsabilidade na construção desse mundo? Todos os leitores deveriam ser capazes de fazer, se não de responder, o mesmo conjunto de perguntas com relação a seu nicho cívico e ocupacional.

Há mais de uma década, desenvolvo um estudo de grande porte sobre o "bom trabalho," ou seja, o trabalho excelente, ético e envolvente para os participantes. Na parte final do livro, baseio-me nesses estudos para minhas descrições das mentes respeitosas e éticas.

EDUCAÇÃO CONSTRUÍDA A MUITAS MÃOS

Quando se fala de cultivar certos tipos de mentes, o quadro de referência mais imediato é o da educação. De muitos pontos de vista este quadro é adequado, afinal de contas, educadores profissionais e instituições educacionais oficiais suportam a carga mais evidente na identificação e na formação de mentes jovens, mas devemos expandir nossa visão imediatamente, para além das instituições educacionais tradicionais. Em nossas culturas de hoje – e nas de amanhã – pais, pares e meios de comunicação cumprem papéis no mínimo tão importantes quanto professores profissionais e escolas formais. Cada vez mais pais e mães educam seus filhos em casa ou contam com mentores ou orientadores fora da escola. Mais do que isso, se há um clichê dos últimos anos que soa verdadeiro, é o reconhecimento de que a educação deve ser continuada, deve acontecer a vida toda. As pessoas em ambientes profissionais têm a responsabilidade de selecionar indivíduos que pareçam possuir os tipos certos de conhecimentos, habilidades, mentes – em meus termos, devem buscar indivíduos que possuam mentes disciplinadas, sintetizadoras, criadoras, respeitosas e éticas. Da mesma forma, gestores e líderes, bem como diretores e reitores, devem continuar para sempre a desenvolver todos os tipos de mentes em si mesmos e, igualmente, naqueles por quem são responsáveis.

Assim, este livro deve ser lido a partir de uma dupla perspectiva. Devemos nos preocupar em como cultivar essas mentes na geração mais jovem, ou seja, os que estão sendo educados agora para se tornar os líderes de amanhã, mas também deveríamos estar preocupados com os que estão hoje nos locais de trabalho. Qual a melhor forma de mobilizar nossas habilidades – e as de nossos colegas de trabalho – de modo que todos venhamos a permanecer atualizados amanhã e depois de amanhã?

O VELHO E O NOVO NA EDUCAÇÃO

Agora, permitam-me voltar minha atenção à educação no sentido formal. Na maior parte, a educação tem sido muito conservadora, o que não é necessariamente ruim. Os educadores acumularam uma quantidade enorme de conhecimentos práticos nos últimos séculos. Lembro-me de uma conversa, 20 anos atrás, com uma professora de psicologia na China, cuja aula na faculdade eu havia considerado um simples recitar, de memória, um aluno após o outro, das sete leis da memória humana, uma perda de tempo. Com a ajuda de um intérprete, conversamos durante 10 minutos sobre os prós e os contras das diferentes pedagogias. Ao final, minha colega chinesa encerrou a discussão com as seguintes palavras: "Fazemos assim há tanto tempo que já *sabemos* que está certo".

Posso identificar duas razões legítimas para desenvolver novas práticas educacionais. A primeira é que as atuais não estão funcionando de verdade. Podemos *pensar,* por exemplo, que estamos educando jovens que são letrados, imersos nas artes, capazes de teorizar cientificamente, tolerantes com imigrantes ou com habilidades de solução de conflitos, mas se há evidências de que não estamos tendo êxito nessas buscas, deveríamos cogitar alterar nossas práticas... ou nossos objetivos.

A segunda razão é que as condições no mundo estão mudando significativamente. Como conseqüência disso, determinados objetivos, capacidades e práticas podem não ser mais indicados ou podem até vir a ser considerados contraproducentes. Por exemplo, antes da invenção da imprensa, quando os livros eram escassos, era fundamental que as pessoas cultivassem uma memória verbal fiel e vasta. Hoje em dia, quando há livros (e mecanismos de busca do tamanho de cadernos) prontamente disponíveis, esse objetivo perdeu um pouco de seu valor, assim como o perderam as práticas mnemônicas. Por outro lado, a capacidade de pesquisar em *corpus* de informação enormes, impressos e eletrônicos, e de organizar essa informação de maneiras úteis é mais importante do que nunca. Mudanças permanentes nas condições também podem demandar novas aspirações educacionais: por exemplo, quando nenhum grupo consegue permanecer isolado do resto do mundo, o respeito pelas pessoas de origem e aparência diferentes torna-se vital, até mesmo essencial, em lugar de simplesmente uma opção bem-educada. Estejamos nós encarregados de uma sala de aula, de um clube ou de uma empresa, precisamos refletir o tempo todo sobre quais mentes são cruciais, quais devem ser priorizadas e como combiná-las dentro de uma única organização, bem como dentro de uma única cabeça.

No início do terceiro milênio, vivemos em uma época de amplas mudanças, as quais parecem ser tão sensacionais que podem muito bem vir a apequenar as que foram vividas em eras anteriores. Em poucas palavras, podemos falar dessas mudanças como as que impõem o poder da ciência e da tecnologia e o caráter inexorável da globalização (o segundo significado do termo *global* no subtítulo deste capítulo). Essas mudanças exigem novas formas e processos educacionais. As mentes dos que aprendem devem ser desenvolvidas e ampliadas de cinco maneiras que não haviam sido cruciais – ou *não tão cruciais* – até agora. Quão prescientes foram as palavras de Winston Churchill quando disse: "Os impérios do futuro serão impérios da mente"![4] Devemos reconhecer as demandas desse novo mundo, mesmo que nos mantenhamos apegados a certas habilidades e a certos valores que podem estar em risco.

CIÊNCIA E TECNOLOGIA

A ciência moderna começou no Renascimento europeu. Iniciemos refletindo sobre os experimentos e a teorização acerca do mundo físico. As idéias sobre movimento e estrutura do universo que associamos a Galileu Galilei e os conhecimentos sobre a luz e a gravidade que emanaram de Isaac Newton criaram um corpo de conhecimento que continua a se acumular em ritmo cada vez mais acelerado. Nas ciências biológicas, uma tendência semelhante ocorreu nos últimos 150 anos, a partir das formulações de Charles Darwin sobre a evolução e das descobertas que se seguiram na genética, por parte de Gregor Mendel, James Watson e Francis Crick. Embora possam permanecer pequenas diferenças na forma como essas ciências são praticadas em diferentes laboratórios, países ou continentes, essencialmente, há apenas uma matemática, uma física, uma química, uma biologia. (Eu gostaria de acrescentar "uma psicologia", mas não tenho tanta certeza dessa afirmação.)

Diferentemente das ciências, a tecnologia não teve que esperar as descobertas, os conceitos e as equações matemáticas específicas dos últimos 500 anos. Na verdade, é justamente por isso que, em muitos aspectos, a China de 1500 parecia muito mais avançada do que os países da Europa ou do Oriente Médio. Podem-se conceber implementos de escrita, relógios, pólvora, bússolas ou tratamentos médicos que funcionam perfeitamente (até sofisticados) mesmo na ausência de teorias científicas irrefutáveis ou experimentos bem-controlados. Entretanto, uma vez que a ciência decole, seu vínculo com a tecnologia torna-se muito mais próximo. É difícil conceber que pudéssemos ter armas nucleares, usinas nucleares, aviões supersônicos, computadores ou a miscelânea de intervenções médicas e cirúrgicas eficazes na ausência das ciências de nossa época. As sociedades que carecem de ciência devem permanecer sem inovações tecnológicas ou simplesmente copiá-las das sociedades que as desenvolveram.

A hegemonia inquestionável da ciência e da tecnologia cria novas demandas. Os jovens devem aprender a pensar cientificamente para que sejam capazes de entender o mundo moderno e dele participar. Sem entender o método científico, os cidadãos não conseguiriam tomar decisões razoáveis sobre o rumo médico a seguir quando se deparam com um leque de opções ou como avaliar afirmações conflitantes sobre criação de filhos, psicoterapia, testagem genética ou tratamento de idosos. Sem algum domínio de computadores, os cidadãos não podem ter acesso às informações de que precisam, muito menos usá-las produtivamente, sintetizá-las de forma esclarecedora ou questioná-las de maneira informada, e é desnecessário dizer que na ausência de algum domínio da ciência e da tecnologia, as pessoas pouco podem esperar contribuir para o crescimento contínuo desses setores vitais. Além disso, opiniões informadas acerca de questões polêmicas, como a pesquisa sobre células-tronco, usinas nucleares, alimentos geneticamente modificados ou aquecimento global, pressupõem um embasamento na ciência e na tecnologia relacionadas ao tema.

Tendo solucionado mistérios importantes sobre os mundos físico e biológico, cientistas e tecnólogos têm voltado sua atenção, mais recentemente, ao entendimento da mente e do cérebro humanos. Nos últimos 50 anos, gerou-se mais conhecimento sobre psicologia e neurociência do que em todas as épocas históricas anteriores combinadas. Atualmente, temos teorias bem-desenvolvidas, baseadas empiricamente, sobre a inteligência, a solução de problemas e a criatividade, junto com as ferramentas, o *software* e o *hardware* baseados (ou supostamente baseados) nesses avanços científicos. Educadores, profissionais, gestores e líderes empresariais precisam ter conhecimento daquilo que já foi e do que está para ser estabelecido em breve, sobre a natureza, o funcionamento, o potencial e os limites da mente humana. Currículos desenvolvidos 50 ou 100 anos atrás não são mais suficientes. Contudo, não joguemos fora, com a água suja de eras passadas, a criança antes cuidada com carinho tão especial. É fácil, mas perigoso, concluir que toda a educação no futuro deveria simplesmente se concentrar em matemática, ciência e tecnologia, e é igualmente fácil, e igualmente perigoso, concluir que as forças da globalização devem mudar tudo.

OS LIMITES DA CIÊNCIA E DA TECNOLOGIA: DUAS ADVERTÊNCIAS

"A educação é inerente e inevitavelmente uma questão de objetivos e de valores humanos." Eu gostaria que essa declaração fosse colocada com destaque na mesa de todos os formuladores de políticas. Não se pode nem começar a desenvolver um sistema educacional sem ter em mente o conhecimento e as habilidades que se valorizam, e o tipo de pessoa que se espera obter no final do processo. Curiosamente, contudo, muitos formuladores de políticas agem como se as metas da educação fossem evidentes por si sós. Como conseqüência, quando pressionados, costumam parecer confusos, contraditórios e incrivelmente simplistas. Quantas vezes meus olhos se entediaram ao ler enunciados vazios sobre "usar bem a mente", "fechar a lacuna no rendimento", "ajudar as pessoas a concretizar seu potencial", "apreciar nosso patrimônio cultural" ou "ter as habilidades para competir". Recentemente, falando com ministros da educação, descobri um objetivo de Sísifo particularmente característico: "Ser líder mundial em termos de desempenho em notas de provas escolares". Obviamente, segundo esse critério, apenas um país pode ter êxito de cada vez. Enunciar objetivos educacionais dessa forma não é um empreendimento fácil; na verdade, um propósito deste livro é postular vários objetivos mais ousados para o futuro.

Uma primeira advertência: a ciência nunca poderá constituir uma educação suficiente. A ciência nunca pode lhe dizer o que fazer em aula ou no trabalho. Por quê? O que você faz como pesquisador ou gestor deve ser determinado por seu próprio sistema de valores – e nem a ciência nem a tecnologia têm tal sistema embutido. Reflitamos sobre o seguinte exemplo: suponha que você aceite a afirmação científica de que é difícil elevar a inteligência psicométrica (QI). A partir dessa afirmação, podem-se tirar duas conclusões diametralmente opostas: (1) nem se dê o trabalho de tentar ou (2) dedique todos os seus esforços a essa tentativa. Você possivelmente terá sucesso, e muito mais facilmente do que previa. Mesma conclusão científica; conclusões pedagógicas opostas.

Uma segunda advertência, relacionada à primeira, é que a ciência, mesmo acrescentando-se a engenharia, a tecnologia e a matemática, não é a única área do conhecimento, e nem mesmo a mais importante. (Esta é uma armadilha em que caem muitos entusiastas da globalização. Veja as palestras selecionadas de Bill Gates e Thomas Friedman, para citar apenas alguns gurus de nossa época.) Outras áreas amplas como as ciências sociais, as humanidades, as artes, o civismo, a civilidade, a ética, a saúde, a segurança, o treinamento do corpo merecem seu lugar ao sol e, igualmente, suas horas no currículo. Em função de sua atual hegemonia na sociedade, a fixação na ciência mencionada acima ameaça espremer esses outros tópicos até expulsá-los. É igualmente pernicioso que muitas pessoas achem que essas outras áreas de conhecimento devam ser tratadas com os mesmos métodos e limites da ciência. Dizer que isso seria uma grande bobagem é pouco: como poderíamos entender as grandes obras das artes plásticas ou da literatura, as idéias religiosas e políticas mais importantes ou os enigmas mais duradouros sobre o significado da vida e da morte se pensássemos sobre eles apenas na forma de estudo ou prova científicos. E se tudo o que fizéssemos fosse quantificar? Qual líder político ou empresarial teria credibilidade, em tempos de crise, se só fosse capaz de oferecer explicações científicas ou provas matemáticas e não conseguisse falar aos corações de seu público? Certa vez, o grande físico Niels Bohr refletiu sobre essa ironia: "Há dois tipos de verdade, a verdade profunda e a verdade rasa, e a função da Ciência é eliminar a verdade profunda".

No local de trabalho, prevalecem as mesmas advertências. Embora seja obviamente importante acompanhar e levar em conta os avanços científicos e tecnológicos, o líder deve ter um campo de ação muito mais amplo. Levantes políticos, migrações populacionais, novas formas de propaganda, relações públicas ou persuasão, tendências em religião ou filantropia – todos esses fatores podem exercer impacto sobre uma organização, tenha ela fins lucrativos ou não, produza coisas sem importância ou grandes idéias. Uma vida integral, assim como uma organização integral, acolhe muitas disciplinas. Um foco excessivo na ciência e na tecnologia me faz lembrar da miopia associada aos indivíduos que fogem dos seus problemas ou àqueles que se opõem a qualquer desenvolvimento tecnológico.

GLOBALIZAÇÃO

A globalização consiste em um conjunto de fatores que fragilizam ou mesmo eliminam os estados individuais, um processo que por vezes é chamado de "desterritorialização". Os historiadores apontam vários períodos de globalização: em épocas anteriores, a massa de terras conquistada por Alexandre, o Grande, e depois, alguns séculos mais tarde, pelos romanos; em épocas mais recentes, as explorações e o comércio transcontinentais do século XVI e a colonização do final de século XIX são consideradas como exemplos de globalização total ou parcial.

Após duas guerras mundiais e uma guerra fria prolongada, embarcamos no que pode ser o último episódio de globalização, ou aquele que tudo englobará. A atual encarnação apresenta quatro tendências inéditas: (1) o movimento de capitais e outros instrumentos de Mercado ao redor do planeta, com imensas quantidades circulando de forma praticamente instantânea todos os dias, (2) o movimento de seres humanos entre fronteiras, com bem mais de cem milhões de imigrantes espalhados pelo mundo a todo momento, (3) o movimento de toda a matéria de informação pelo ciberespaço, com *megabytes* de informação de vários graus de confiabilidade para cada um que tenha acesso a um computador, (4) o movimento rápido e contínuo da cultura popular – como as roupas de estilistas, comidas e melodias entre fronteiras, de modo que adolescentes no mundo todo têm aparência cada vez mais semelhante, mesmo que os gostos, opiniões e valores dos mais velhos também possam convergir.[5]

É desnecessário acrescentar que as atitudes em relação à globalização diferem em muito dentro de cada país e entre diferentes países. Mesmo os entusiastas mais eloqüentes têm se calado um pouco diante de eventos recentes, como os que refletem outro fenômeno global chamado de "terrorismo sem pátria". Mas, na mesma linha, até os críticos mais eloqüentes aproveitam as vantagens inegáveis, como a comunicação por e-mail e telefone celular, apropriação de símbolos comerciais reconhecidos no mundo todo, protestos em lugares onde se pode chegar prontamente e que podem ser facilmente acompanhados por vários públicos. Embora se esperem períodos de entrincheiramento e bolsões de isolacionismo, é praticamente inconcebível que as quatro maiores tendências citadas acima sejam contidas permanentemente.

O currículo das escolas no mundo todo pode estar convergindo e a retórica dos educadores está certamente carregada com palavras da moda semelhantes ("padrões de nível mundial", "currículo interdisciplinar", "economia do conhecimento"). Não obstante, creio que a educação formal nos dias de hoje ainda prepara os alunos principalmente para o mundo do passado, em lugar dos mundos possíveis do futuro – os "impérios da mente" de Churchill. Na verdade, em algum nível isso reflete o conservadorismo natural das instituições educacionais, um fenômeno pelo qual já expressei alguma simpatia. Contudo, acredito que os formuladores de políticas no mundo todo ainda não deram a devida atenção aos principais fatores delineados nestas páginas.

Mais especificamente: em lugar de declarar nossos preceitos explicitamente, continuamos a supor que os objetivos e os valores educacionais são evidentes por si sós. Reconhecemos a importância da ciência e da tecnologia, mas não ensinamos maneiras científicas de pensar, muito menos de desenvolver indivíduos com as capacidades sintetizadoras e criativas essenciais para o progresso científico e tecnológico contínuo e, com muita freqüência, pensamos na ciência como o protótipo de todo o conhecimento, em lugar de uma maneira poderosa de saber que necessita ser complementada por posturas artísticas e humanísticas e, talvez, espirituais.

Reconhecemos os fatores da globalização – pelo menos quando chamam atenção para eles – mas ainda não descobrimos como preparar jovens para que possam sobreviver e crescer em um mundo diferente de tudo o que se conhece e que já se imaginou.

Com relação ao local de trabalho, tornamo-nos muito mais cientes da necessidade da educação continuada. É provável que a consciência acerca das cinco mentes seja maior do que em muitos sistemas escolares. Mesmo assim, grande parte da educação empresarial tem um foco estreito em termos de habilidades: a inovação é terceirizada por equipes criadas especificamente para isso e a ética é o tema de uma ou outra oficina. Poucos ambientes empresariais assumem a perspectiva das humanidades, com exceção dos executivos que dispõem de tempo e recursos para participar de um seminário no Instituto Aspen. Não pensamos com a profundidade necessária sobre as qualidades humanas que queremos cultivar no local de trabalho para que indivíduos de aparência e origens diferentes possam interagir efetivamente. Nem refletimos sobre como cultivar trabalhadores que não apenas busquem seu interesse próprio, mas também realizem a missão fundamental de sua vocação, ou cidadãos que se preocupem apaixonadamente com a sociedade na qual vivem e com o planeta que passarão a seus sucessores.

Dou um viva – mas só um – à globalização. Mesmo que as forças que acabei de mencionar pudessem ser tratadas de forma benigna, isso não seria justificativa para ignorar ou minimizar a nação, a região e a localidade. Deveríamos, com certeza, pensar globalmente, mas deveríamos, por razões igualmente fortes, agir em termos locais, nacionais e de região do mundo. Quem pensa somente naqueles que estão em lugares distantes é tão míope quanto quem só pensa nos que estão do outro lado da rua ou cruzando a fronteira. Nossas principais interações continuarão sendo com as pessoas que moram perto de nós, mesmo que muitos de nossos problemas e oportunidades venham a ser específicos do país ou da região em que vivemos. Como seres humanos, não podemos nos dar ao luxo de sacrificar o local em função do global, não mais do que podemos sacrificar as artes e as humanidades em nossos esforços para permanecer atualizados com a ciência e a tecnologia.

Anteriormente, apresentei os cinco tipos de mentes que precisaremos cultivar no futuro, se quisermos ter os tipos de gestores, líderes e cidadãos necessários para povoar nosso planeta. Espero ter feito uma defesa inicial da importância dessas mentes. Para resumir o que disse:

- As pessoas desprovidas de uma ou mais disciplinas não serão capazes de ter sucesso em qualquer local de trabalho exigente e ficarão restritas a tarefas inferiores.
- As pessoas sem capacidade de síntese serão esmagadas por informações e não conseguirão tomar decisões criteriosas sobre questões pessoais e profissionais.
- As pessoas que não tenham capacidades criadoras serão substituídas por computadores e afastarão de si as que têm a centelha criativa.
- As pessoas que não tiverem respeito não serão dignas de respeito por parte das outras e irão envenenar o local de trabalho e os espaços em comum.
- As pessoas sem ética gerarão um mundo desprovido de trabalhadores decentes e de cidadãos responsáveis: nenhum de nós quererá viver nesse planeta desolado.

Ninguém sabe ao certo como elaborar uma educação que gere indivíduos disciplinados, sintetizadores, criativos, respeitosos e éticos. Afirmei que nossa sobrevivência como planeta pode depender do cultivo desse grupo de cinco disposições mentais. Aliás, sem respeito, provavelmente, destruiremos uns aos outros; sem ética, retornaremos a um mundo hobbesiano ou darwiniano, onde o bem comum não é encontrado em lugar algum. Mas eu acredito piamente que cada faculdade humana também deva ser justificada em bases não-instrumentais. Como espécie, nós, seres humanos, temos potenciais positivos impressionantes, e a história está repleta de indivíduos que exemplificam um ou mais desses tipos de mentes: a disciplina de um John Keats ou de uma Marie Curie, a capacidade sintetizadora de Aristóteles ou de Goethe; a criatividade de uma Martha Graham ou de um Bill Gates; os exemplos respeitosos dos que abrigaram os judeus durante a Segunda Guerra Mundial ou que tomaram parte nas comissões da verdade e reconciliação em décadas mais recentes; os exemplos éticos da ecologista Rachel Carson, que nos alertou para os perigos dos pesticidas, e do estadista Jean Monnet, que ajudou a Europa a passar de instituições beligerantes para outras, mais pacíficas. A educação, no sentido mais amplo, deve ajudar mais seres humanos a concretizar as características mais impressionantes dos representantes mais destacados de nossa espécie.

NOTAS

1 Howard Gardner, *The Mind's New Science: The History of the Cognitive Revolution* (New York: Basic Books, 1985). (Howard Gardner, *A nova ciência da mente*. São Paulo, Edusp, 1995.)
2 Howard Gardner, *Frames of Mind: The Teory of Multiple Intelligences* (1983; reimpr., New York: Basic Books, 2004). (Publicado pela Artmed sob o título: *Estruturas da mente: a teoria das inteligências múltiplas*.)
3 John Rawls, *A Theory of Justice*. (Cambridge: Harvard University Press, 1971). (John Rawls, *Uma teoria da justiça*. São Paulo: Martins Fontes, 1997.)
4 "The Battle for Brainpower", *The Economist*, 7 de outubro de 2006, 3.
5 Ver Jagdish Bhagwati, *In Defense of Globalization* (New York: Oxford University Press, 2005); Thomas Friedman, *The World Is Flat* (New York: Farrar, Straus and Giroux, 2005); e Marcelo Suarez-Orozco e Desiree Qin-Hilliard, *Globalization and Education* (Berkeley, CA: University of California Press, 2004).

2
A mente disciplinada

A mais importante descoberta científica em relação à aprendizagem nos últimos anos vem de pesquisadores da cognição que examinaram a compreensão por parte dos alunos. Em um paradigma típico, um aluno de ensino médio ou de faculdade deve elucidar uma descoberta ou um fenômeno que não conhece, mas que se presta a ser explicado a partir de um conceito ou de uma teoria já estudados. Os resultados são surpreendentes, constantes e desalentadores. A maioria dos alunos, incluindo os que freqüentam nossas melhores escolas e recebem as notas mais altas, não conseguem explicar o fenômeno sobre o qual estão sendo questionados. Ainda mais preocupante, muitos deles dão exatamente a mesma resposta daqueles que nunca cursaram disciplinas relacionadas ao tema e supostamente nunca tiveram contato com os conceitos relacionados a uma explicação adequada. Usando a terminologia sobre a qual falarei posteriormente, esses alunos podem ter acumulado muito conhecimento factual ou temático, mas não aprenderam a pensar de maneira *disciplinada*.

Examinemos alguns exemplos, trazidos deliberadamente de diferentes esferas de estudo. Na física, os alunos continuam a pensar em forças como a gravidade ou a aceleração como se elas contivessem objetos específicos, em lugar de operar de maneira essencialmente igual sobre todas as entidades. Ao se pedir que dissessem qual dos dois objetos cairá primeiro, 10 estudantes prestaram atenção ao peso ("o tijolo é mais pesado do que o sapato, então irá chegar antes ao chão"), em lugar de às leis de aceleração ("na ausência de fricção, todos os objetos aceleram à mesma velocidade"). Em biologia, os estudantes resistem totalmente à idéia da evolução ou a vêem como um processo teleológico, com os organismos guiados ao longo do tempo por uma mão invisível em direção a formas cada vez mais perfeitas. Independentemente de terem tido contato com idéias criacionistas ou com o conceito de *design* inteligente, a idéia de seleção natural como processo totalmente desprovido de guia se mostra profundamente incompatível com sua forma de pensar. Nas artes, apesar da exposição a formas contemporâneas, os estudantes continuam avaliando as obras por seu realismo fotográfico, no que se refere às artes visuais, e em termos de esquemas de rima simples e temas sentimentais, no caso da poesia. Quando se pediu que respondessem sobre eventos contemporâneos, alunos de história capazes de explicar as causas complexas de eventos passados, como a Primeira Guerra Mundial, caem em explicações monocausais simplistas. "Foi por causa daquele cara mau", sendo que o nome pode ser Adolf Hitler, Fidel Castro, Muammar al-Qaddafi, Saddam Hussein ou Osama bin Laden. Em psicologia, os alunos que aprenderam o quanto nosso comportamento é realmente determinado por motivações inconscientes ou por fatores externos, sobre os quais não temos controle, continuam a dar demasiada importância ao agente intencional individual.

Para que não se pense que esses sejam casos isolados, devo enfatizar que os padrões recém-descritos foram observados repetidas vezes, em temas que vão da astronomia à zoologia, da ecologia à economia e em sociedades em todo o mundo. Nem norte-americanos, nem asiáticos nem europeus estão imunes a essas visões errôneas. Na verdade, em casos como o da evolução biológica, os alunos podem ter contato com as idéias fundamentais em diversas disciplinas e ambientes. Mesmo assim, quando questionados, eles apegam-se à visão lamarckiana ("o pescoço da girafa é comprido porque seus pais se espicharam para alcançar o galho mais alto") ou bíblica literal ("no quinto dia...") sobre a origem e evolução das espécies. Claramente, forças muito poderosas devem estar operando para impedir que os estudantes pensem de maneira disciplinar.

Um fator que dá uma importante contribuição – ele próprio oriundo da teoria evolucionista – pode ser enunciado de maneira simples: os seres humanos não evoluíram ao longo de milênios para ter explicações precisas dos mundos físico, biológico ou social. Na verdade, voltando aos exemplos recém-citados, idéias atuais sobre forças físicas são derivadas principalmente das descobertas de Galileu, Newton e seus contemporâneos, ao passo que a teoria da evolução esperou pela viagem de cinco anos e pelas décadas de reflexão e sínteses de Charles Darwin. (É curioso especular sobre qual seria a situação de nosso conhecimento atual se esses três titãs nunca tivessem nascido.) As visões sobre história, humanidades e artes são menos vinculadas a épocas, lugares e estudiosos específicos, mas também dependem do surgimento, no decorrer dos anos, de compreensões sofisticadas por parte da comunidade acadêmica. Essas compreensões poderiam muito bem *não* ter surgido, ou ter assumido formas diferentes, ou podem mudar substancialmente nos próximos anos. Ao aceitarmos a teoria evolucionista, fica claro que nossa existência dependeu das capacidades que cada um de nossos ancestrais teve de sobreviver até a reprodução, nada mais, nada menos.

Avançando para além das disciplinas escolares, encontramos os mesmos tipos de pensamento inadequado nas profissões. Estudantes de direito iniciantes, por exemplo, insistem em chegar a uma decisão que seja moralmente satisfatória, uma forma de pensar há muito arraigada, que se choca com a insistência de seus professores de que as decisões devem se basear em precedentes ou no processo, e não no código moral de cada um. Jornalistas novatos preparam uma história coerente e redonda, como se estivessem tentando manter o inte-resse de um público cativo. São incapazes de pensar retroativamente, escrevendo de forma a chamar imediatamente a atenção do leitor, ao mesmo tempo em que sobrevivem à caneta do editor ou às rígidas limitações de espaço do novo *layout* da primeira página. O trabalhador que acaba de ser designado para um cargo de gestão tenta manter amizades anteriores como se nada tivesse mudado, não entendendo que seu novo trabalho requer que escute, seja escutado e seja respeitado, em lugar de ganhar um concurso de popularidade ou continuar a fazer fofocas ou trocar segredos com antigos colegas. O novo membro da diretoria não entende que agora deve se comportar de maneira desinteressada em relação ao próprio diretor-presidente que o cortejou durante meses e depois o convidou para fazer parte de um grupo seleto e prestigioso.

Nesses exemplos profissionais, encontramos um processo análogo em funcionamento. As pessoas trazem para um novo trabalho os hábitos e as visões que lhes serviram muito bem antes. Na vida comum, os jovens são recompensados por buscar uma solução moral, por contar uma história deliciosa em seu próprio ritmo, por serem amigos fiéis. Não basta simplesmente dar-lhes conselhos como "de agora em diante, preste atenção estrita aos precedentes", "defenda-se dos instintos do editor de revisar os originais" ou "fique longe de antigos companheiros". Os hábitos antigos custam para morrer e novas maneiras de pensar e agir dificilmente são naturais. O profissional com mobilidade, que aspira à ascensão, deve entender as razões para essas novas idéias ou práticas, erradicar os hábitos anteriores, que não mais funcionam e, aos poucos, consolidar um modo de se comportar que seja apropriado ao novo cargo.

CONTRIBUIÇÕES DO PASSADO E DO PRESENTE

Durante a maior parte de sua história relativamente curta (alguns milhares de anos), o ensino formal caracterizou-se pela orientação religiosa. Os professores costumavam ser membros de uma ordem religiosa, os textos a ser lidos e conhecidos eram livros sagrados e as lições escolares tinham caráter moral. O propósito da escola era que a pessoa atingisse letramento suficiente para ler os textos sagrados – na verdade, em muitos casos, a capacidade de entoar cânticos, em lugar de entender ou interpretar, era suficiente. Qualquer conversa sobre entender o mundo teria parecido exótica – que dizer, então, de contribuir para a compreensão atual por meio de mais trabalhos em uma disciplina. Bastava o folclore, o senso comum, uma palavra ocasional dos sábios. (Algumas variedades de educação islâmica ainda assumem esta visão.)

Setecentos anos atrás, em suas versões chinesa e européia, uma elite culta deveria dominar um conjunto de habilidades. Depois de completar sua educação, o estudioso confuciano poderia distinguir-se em caligrafia, arco-e-flecha, música, poesia, hipismo, participação em rituais e conhecimento de textos importantes. Seu equivalente europeu era capaz de mostrar as habilidades do *trivium* (gramática, retórica e lógica) bem como do *quadrivium* (música, geometria, astronomia e aritmética). Em lugar de ter que entender e aplicar, o estudante competente simplesmente repetia – na verdade, muitas vezes memorizava literalmente – o conhecimento dos ancestrais intelectuais: Confúcio ou Mêncio no Oriente; Aristóteles ou São Tomás de Aquino no Ocidente. Talvez fosse isso que a professora chinesa de psicologia mencionada no capítulo anterior tinha em mente quando me disse, impaciente, "fazemos assim há tanto tempo que já *sabemos* que está certo".

A educação profissional, como a conhecemos hoje, não existia. No que havia de divisão do trabalho, as pessoas aprendiam seu ofício com membros mais velhos da mesma família – os Smiths* aprendiam a ser ferreiros com os parentes mais velhos – ou eram aprendizes de um mestre: "O jovem Jones parece ser bom com as mãos, e deveria ser aprendiz do barbeiro Capelli, para saber aparar cabelo e lancetar furúnculos". Somente o ministro religioso assumia um mecanismo mais formal de seleção, formação e acesso à condição de padre.

O Renascimento desencadeou uma mudança lenta, mas inexorável, na educação do Ocidente. Embora permanecesse, e ainda permaneça, uma pátina religiosa em muitos lugares, a educação tornou-se muito mais secular.

Hoje em dia, a maioria dos professores não tem formação religiosa, os textos religiosos cumprem um papel menor e a pregação da moralidade é considerada como arena da família, da comunidade e da igreja, em lugar de ser responsabilidade da sala de aula diária. (Observe que, quando essas outras instituições fracassam, a responsabilidade pela educação moral recai sobre a escola, o que pode explicar

---

* N. de R.T. Em inglês, o sobrenome Smith relaciona-se originalmente com o ofício de ferreiro (*blacksmith*).

a recente ênfase em educação do caráter à medida que aumenta a pressão, principalmente nos Estados Unidos, para permitir a religião dentro das salas de aula de escolas públicas.) As sabatinas orais e as sinopses escritas continuam valorizadas, mas se reconhece que nem todo o conhecimento vem do passado, que o conhecimento é melhor visto como instrumental e que, especialmente nas ciências, as teorias e métodos a ser dominados mudarão com o tempo.

No último século, mais ou menos, houve uma explosão de faculdades para as profissões. Não se "lê" mais sobre direito, freqüenta-se uma faculdade de direito. A educação médica não acontece mais em escolas profissionalizantes de pouca consistência, e especialidades muito procuradas podem demandar até 10 anos de ensino formal. Somente instituições qualificadas podem emitir (ou revogar) a tão importante licença profissional. Cada vez mais, a formação de gestores e executivos acontece em faculdades de administração e em diversos programas de formação para executivos, com empresas dotadas de muitos recursos produzindo suas próprias instalações e sistemas educacionais. Esse setor pós-terciário já nos é tão natural que nos esquecemos do quão novo (e polêmico) ele foi. As relações entre aprendizes e mentores ainda existem e, de algumas maneiras e em alguns lugares, permanecem mais importantes do que nunca, mas raramente são considerados como substitutos para a educação formal.

Todas essas iniciativas educacionais são dedicadas à aquisição de conhecimento disciplinar, hábitos da mente e padrões de comportamento apropriados. Esteja o estudante aprendendo ciência geral no início da adolescência, física de partículas no ensino médio, os princípios da legislação civil no começo da faculdade de direito ou os fundamentos de *marketing* na faculdade de administração, o objetivo é o mesmo: erradicar formas errôneas e improdutivas de pensar e substituí-las por formas de pensar e fazer que sejam marcas do profissional disciplinado.

CONTEÚDO TEMÁTICO *VERSUS* DISCIPLINA

Por que, apesar dos esforços com as melhores intenções, tantos estudantes continuam a aderir a formas de pensar errôneas e inadequadas? Uma razão importante, acredito eu, é que nem professores nem estudantes, nem formuladores de políticas, nem cidadãos comuns apreciam o suficiente as diferenças entre *conteúdos temáticos* e *disciplina*. A maioria das pessoas, na maioria das escolas ou programas de formação, está estudando conteúdos, ou seja, assim como muitos de seus professores, essas pessoas concebem sua tarefa como sendo a de depositar na memória um grande número de fatos, fórmulas e números. Na ciência, memorizam definições de termos fundamentais, a fórmula da aceleração, o número de planetas, os pesos atômicos ou os nervos do rosto; na matemática, as principais fórmulas algébricas e provas geométricas. Na história, acumulam nomes e datas de eventos e épocas importantes. Nas artes, sabem quem criou as obras e quando. Nas ciências sociais, aprendem aspectos específicos de determinados experimentos e os termos fundamentais de teorias influentes. Na faculdade de direito, dominam os fatos dos casos. Na faculdade de medicina, sabem os nomes de todos os ossos do corpo. Na de administração, preenchem planilhas e aprendem a empregar os termos de vendas e finanças. Em geral, são testadas em relação a essas informações: se forem boas alunas e tiverem estudado assiduamente, serão consideradas bem-sucedidas em seus cursos e, como ilustrado na peça de Alan Bennett (e no filme posterior), *The history boys*, podem até conseguir entrar em Oxford.[1]

As *disciplinas* representam um fenômeno radicalmente diferente. Uma disciplina constitui uma forma diferenciada de pensar sobre o mundo. Os cientistas observam o mundo, apresentam propostas de classificações, conceitos e teorias, projetam experimentos para testar essas teorias, revisam-nas à luz das conclusões e depois retornam, com novas informações, para fazer novas observações, refazer classificações e planejar experimentos. Os indivíduos que pensam cientificamente conhecem a dificuldade de encontrar causas, não confundem correlação (A ocorre antes de B) com causação (A é a causa de B) e estão cientes de que qualquer consenso científico está sujeito a ser destruído, de forma gradual ou mais rápida, na onda de uma nova descoberta importantíssima ou de um paradigma teórico revolucionário.

Esquemas equivalentes podem ser apresentados para outras disciplinas. Por exemplo, os historiadores tentam reconstruir o passado a partir de fragmentos dispersos e, muitas vezes, contraditórios de informações, a maioria deles escritos, mas, cada vez mais, apoiados em testemunhos gráficos, fílmicos ou orais. Diferentemente da ciência, a história só acontece uma vez. Escrever história é um ato imaginativo que demanda que o historiador se coloque em lugares remotos e, com efeito, vista a pele dos participantes. Cada geração reescreve necessariamente a história em termos de suas necessidades do momento e dos dados disponíveis. Os estudiosos de literatura trabalham com textos escritos cujo relacionamento com a época e com os eventos que tentam retratar não passa de contingente – por exemplo, como dramaturgo, George Bernard Shaw poderia escrever igualmente sobre sua própria época, a de Joana D'Arc, sobre o passado mítico ou o futuro imaginado. Os estudiosos de literatura precisam utilizar seus instrumentos, principalmente sua imaginação, para entrar em um mundo de palavras criadas por um autor (como Shaw) com o propósito de transmitir alguns significados e obter alguns efeitos sobre os leitores. Os historiadores diferem com relação a suas teorias implícitas e explícitas sobre o passado (por exemplo, a teoria dos Grandes Homens em oposição ao papel determinante dos fatores econômicos, demográficos ou geográficos). Na mesma linha, os estudiosos de literatura diferem em termos da atenção relativa que dão à biografia do autor, às suas intenções estéticas, ao gênero literário empregado, à época histórica em que o autor viveu e à era mítica ou histórica em que os protagonistas teriam vivido.

Não me entenda mal – para estudar ciência, história, literatura, na verdade, qualquer coisa, é necessário ter informação. No entanto, desprovidos de suas conexões uns com os outros, com questões subjacentes, com uma forma disciplinada de interpretar essa pilha de informações, os fatos são simplesmente "conhecimento inerte", para usar a vigorosa expressão do filósofo britânico-norte-americano Alfred North Whitehead.

Na verdade, com relação à epistemologia, não há diferença entre as três declarações a seguir: "A Terra está a 150 milhões de quilômetros de distância do sol em torno do qual a mesma gira"; "O Sul e o Norte dos Estados Unidos travaram a Guerra Civil durante quatro anos na década de 1860", e "O dramaturgo William Shakespeare retratou o grande líder romano Julio César em uma peça do mesmo nome". Estas são simplesmente proposições verdadeiras. Essas declarações factuais só adquirem sentido se forem situadas no contexto, respectivamente, do desenho do sistema solar (e como isso foi determinado), das lutas relacionadas à escravidão e à união, que dilaceraram o tecido norte-americano por décadas, e da forma esteticamente imaginativa com que o autor inglês do século XVI recriou certos personagens retratados em *Vidas*, de Plutarco.

Formas diferenciadas de pensar também caracterizam as profissões e, nas melhores circunstâncias, são modeladas tomando como referência profissionais qualificados. O educador Lee Shulman delineia as "pedagogias típicas" de cada profissão.[2] No direito, o professor desenvolve um diálogo socrático com os alunos; sempre que um deles apresenta uma possível solução para um caso, o professor busca um contra-exemplo até que, na maioria dos casos, o aluno levanta as mãos, confuso. Na medicina, o estudante acompanha um médico experiente ao percorrer os quartos, observa dados registrados de cada paciente, bem como as interações do momento, e busca chegar a um diagnóstico e a uma recomendação de tratamento. Na escola de *design*, os alunos sentam às suas mesas, com modelos físicos ou digitais em uma tela de computador, e trabalham juntos para produzir trabalhos, enquanto o professor circula entre eles, fazendo comentários ocasionais, de apoio ou crítica. Na faculdade de administração, os estudantes vão à aula preparados para discutir um caso multifacetado. Mesmo sabendo que a informação está necessariamente incompleta, eles têm que recomendar um curso de ação que possa levar à salvação, à prosperidade ou à destruição de um departamento ou mesmo de toda uma empresa. Nenhum desses encontros pedagógicos capta com total fidelidade o que pode acontecer no cotidiano uma vez que o estudante tenha se tornado profissional, mas essas experiências são consideradas como a melhor preparação possível para o trabalho. Sem dúvida, uma porção cada vez maior dessa educação será desenvolvida no futuro por meio de simulações e de outras realidades virtuais.

As pedagogias típicas demonstram que a vida do profissional não é equivalente à vida do jovem estudante. Para que essas pedagogias sejam eficazes, estudantes e professores devem operar em um nível bastante diferente daquele geralmente seguido nos anos anteriores à escola profissional. Ou seja, os estudantes devem considerar a informação não como um fim em si ou como um caminho para chegar a tipos mais avançados de informação ("cursei Álgebra I para me preparar para Álgebra II"), e sim como um meio para práticas mais bem informadas. Por sua vez, os professores – funcionando, em certa medida, como treinadores – devem oferecer suas avaliações sobre as capacidades dos alunos de assimilar os hábitos mentais e os comportamentos característicos do profissional. Se as provas e a avaliação do professor tratarem de informações factuais, o estudante poderá estar bem preparado para se tornar um determinado tipo de professor, mas não um profissional atuante em sua área.

Neste livro, abordo poucas ocupações e ofícios tradicionais. Entretanto, devo enfatizar que cada um desses – de tecer tapetes a consertar circuitos elétricos – demanda, pelo menos, uma disciplina. Enquanto os serviços pessoais ou o toque pessoal continuarem a ser valorizados, essas disciplinas proporcionarão um bom ganha-pão para aqueles que as dominarem. Entretanto, meu foco aqui se concentra nas disciplinas acadêmicas que devem ser adquiridas no final da adolescência e em uma ou mais disciplinas profissionais necessárias para ser um trabalhador produtivo na sociedade.

COMO TER UMA MENTE DISCIPLINADA

Com o passar dos anos, os professores geraram maneiras de transmitir disciplinas a mentes jovens. Na verdade, de nenhuma outra forma poderíamos continuar tendo uma provisão permanente de cientistas, matemáticos, artistas, historiadores, críticos, advogados, executivos, gestores e outros tipos de acadêmicos e profissionais. A formação de pessoas com foco nas disciplinas dá-se por meio da identificação de interesses mútuos e de dons ("você tem talento para ser cientista/matemático/artista/historiador/crítico/advogado/executivo"), da apresentação de exemplos de formas de pensar ("é assim que tentamos provar um teorema desse tipo"), da realização bem-sucedida de determinadas tarefas típicas ("esta é uma boa análise do Soneto 23; vejamos se você consegue fazer uma interpretação semelhante do Soneto 36"), da avaliação fornecida de forma oportuna e útil sobre iniciativas disciplinares anteriores ("você fez um trabalho muito bom analisando esses dados, mas, da próxima vez, reflita melhor sobre as especificidades das condições de controle antes de começar o experimento" – ou, no caso de faculdades de administração, "não perca de vista que os dados podem ter sido ajustados de forma a melhorar o desempenho aparente de algum gerente") e da passagem por sucessivas etapas rumo a tornar-se um mestre da disciplina ("você agora aprendeu como escrever um bom *lead* para a reportagem; sua próxima tarefa é ordenar os parágrafos de forma que os pontos importantes sobrevivam, mesmo que a história tenha que ser reduzida à metade").

Entretanto, a maioria dos jovens não integrará as fileiras de uma disciplina específica, de forma que os educadores têm que fazer escolhas: simplesmente não lhes ensinar a disciplina, apresentar-lhes os fatos do assunto e deixar que se virem ou se esforçar para, ao menos, dar-lhes uma provinha – "uma experiência-limiar", nos termos de David Perkins[3] – de como é pensar de maneira disciplinada.

Acredito ser essencial que os indivíduos no futuro sejam capazes de pensar das formas que caracterizam as principais disciplinas. Em nível pré-universitário, minha própria lista mínima inclui ciência, matemática, história e, pelo menos, uma forma de arte (como desenhar figuras, tocar um instrumento, escrever peças teatrais de um ato). Escolho essas disciplinas porque são portas de entrada: uma ciência introduz métodos usados em várias delas, um curso de história abre as portas para uma gama de ciências sociais, uma forma de arte facilita a entrada nas outras. Se não tiverem discernimento disciplinar, os estudantes serão completamente dependentes de outras pessoas ao tentar formular visões sobre suas opções médicas, a conjuntura política, novas formas de arte, perspectivas econômicas, criação de filhos, possíveis cenários do futuro, entre muitos outros tópicos. Essas formas de pensar servirão bem aos estudantes, não importando em que profissão eles venham a entrar. Na ausência delas, indivíduos indisciplinados podem nem ser capazes de saber *quais* pessoas ou idéias são guias, informantes ou líderes de opinião confiáveis, tornando-se presas fáceis para charlatães ou demagogos. O domínio das habilidades básicas é um requisito necessário, mas não suficiente. O conhecimento dos fatos é um ornamento útil, mas constitui um empreendimento fundamentalmente diferente do pensar dentro de uma disciplina.

É claro que, uma vez que se entre em uma universidade, em uma escola de pós-graduação ou em um local de trabalho, a profissão-alvo determina a disciplina, a subdisciplina ou o conjunto delas que é relevante. Matemáticos, mecânicos e administradores têm suas disciplinas específicas. Fatos e números são ornamentos bem-vindos, mas a estrutura e os processos das disciplinas são as árvores de Natal onde esses ornamentos devem ser pendurados.

Como conquistar uma mente disciplinada? Tendo-se em mente a disciplina de história, direito ou gerenciamento, há quatro passos essenciais:
1. Identifique tópicos verdadeiramente importantes dentro da disciplina. Alguns desses serão conteúdos como, por exemplo, a natureza da gravidade, os componentes de uma guerra civil, o surgimento do romance, o código penal do país em que se vive, as leis de oferta e de procura. Outros serão metodológicos: como montar um experimento científico, como entender um documento do passado, original e autenticado, como analisar um soneto de Shakespeare, uma forma de sonata clássica, um tríptico medieval, uma decisão recente do Supremo Tribunal, um balancete.
2. Dedique uma quantidade de tempo significativa a esse tópico. Se vale a pena estudá-lo, vale a pena estudá-lo em profundidade, por um período de tempo importante, usando uma variedade de exemplos e modos de análise.
3. Aborde o tópico de várias formas. É aqui que a educação para uma visão disciplinar aproveita as várias maneiras com que as pessoas podem aprender. Qualquer lição tem mais possibilidades de ser entendida se tiver sido abordada através de diversos pontos de entrada, entre eles, histórias, exposições lógicas, debate, diálogo, humor, dramatização, demonstrações gráficas, apresentações em vídeo ou em cinema, personificação da lição em pergunta, assim como idéias, comportamentos e atitudes de uma pessoa respeitada. Isso não significa que todos os tópicos devam ser ensinados de três ou trinta formas canônicas – e sim que qualquer tópico que valha a pena estudar está aberto a uma pluralidade de abordagens.

A propósito, é aqui que um tipo de mente – a mente disciplinada – encontra-se com minha teoria das inteligências múltiplas. Enquanto uma disciplina específica pode priorizar um tipo de inteligência em detrimento de outros, um bom pedagogo irá invariavelmente se servir de várias inteligências para ensinar conceitos ou processos fundamentais. O estudo de arquitetura pode destacar a inteligência espacial, mas um bom professor de projeto arquitetônico pode muito bem enfatizar e fazer uso de perspectivas lógicas, naturalistas e interpessoais.

Ter diversas portas de entrada cumpre dois objetivos importantes. Em primeiro lugar, o professor atinge mais alunos, pois alguns aprendem melhor por meio de histórias, outros, por meio de debates, de obras de arte ou da identificação com um profissional habilidoso. Em segundo, essa abordagem demonstra como é a verdadeira compreensão. Um indivíduo com uma compreensão profunda de um tópico ou método pode pensar sobre ele de várias formas. Por outro lado, a pessoa exibe suas limitações quando só consegue conceituar seu tópico de uma maneira.

Não se pode ser disciplinado sem essa agilidade conceitual.

Como discutirei nos próximos capítulos, múltiplas maneiras de pensar sobre um tema também são essenciais para as mentes sintetizadora e criadora.

4. Mais importante, estabeleça "representações da compreensão" e dê aos alunos amplas oportunidades de representar suas compreensões em diversas condições. Geralmente pensamos na compreensão como algo que ocorre dentro do cérebro ou da mente – e, é claro, em um sentido literal, é isso mesmo. Contudo, nem o aluno nem o professor, nem o aprendiz nem o mestre podem garantir que ela seja verdadeira, muito menos consistente, a menos que o aluno tenha condições de mobilizar publicamente essa suposta compreensão para iluminar algum exemplo que até então desconhecia. Professor e alunos devem se esforçar para representar suas atuais compreensões, e grande parte da formação deveria consistir em exercícios formativos, com avaliações detalhadas sobre onde a representação está adequada, onde está insuficiente, por quê está insuficiente, o que pode ser feito para ajustá-la.

Por que falar em representações da compreensão? Examinando indivíduos apenas em termos de problemas com os quais já tiveram contato anterior, simplesmente não podemos garantir se eles realmente compreenderam. *Pode* ser que sim, mas também é possível que estejam fazendo uso de uma boa memória. A única forma confiável de determinar se houve verdadeira compreensão é apresentar uma questão ou um problema *novo*, no qual a pessoa não possa ter sido treinada, e ver como ela se sai. Compreender a natureza de uma guerra civil não é conhecer as datas das lutas na Espanha ou nos Estados Unidos do século XIX, e sim ser capaz de avaliar se as batalhas no Vietnã dos anos de 1960 ou os conflitos em Ruanda na década de 1990 devem ser considerados exemplos de guerra civil e, caso não devam, por quê. Saber como se comportar em uma crise empresarial não significa descrever o que a General Motors fez há 50 anos, e sim ter uma conceituação e um procedimento que lhe permitam saber como se comportar no caso de um surto de doença repentino entre os consumidores do produto que se vende ou de uma queda inesperada nos lucros.

Ao zombar das faculdades de administração por serem acadêmicas demais, os críticos geralmente querem dizer que os usos finais do conhecimento fornecido não estão claros; os alunos não são forçados a ampliar ou flexibilizar o texto que leram ou a exposição que ouviram ou os conhecimentos obtidos em discussões. Resumindo, é por isso que grande parte das medidas padronizadas de aprendizagem é de pouca utilidade:

elas não revelam se o estudante consegue realmente fazer uso do que aprende em aula – o conteúdo temático – uma vez tendo saído da sala, e é por isso que a formação tradicional nas ocupações exige a realização de um excelente trabalho antes que o artífice possa subir ao nível de mestre. É claro que se pode ir longe demais na demanda por representações de compreensão. Tenho pouca simpatia por técnicas de entrevistas para emprego, atualmente muito em voga, nas quais os candidatos devem gerar respostas supostamente criativas em condições de estresse. A menos que o emprego em questão exija que os empregados apresentem 10 marcas registradas em dois minutos ou descubram como acender uma lâmpada usando somente uma bateria ou um fio, essas *performances* têm mais probabilidades de revelar o superficial do que de identificar quem é profundamente disciplinado ou verdadeiramente criativo.

Por fim, chegamos à explicação para os exemplos incontestáveis apresentados no início do capítulo. Os estudantes podem ter sucesso com questões com as quais já tenham tido contato, e não quando se lhes pede que expliquem exemplos que não estavam, por assim dizer, no livro-texto ou no dever de casa. Dessa forma, tendo em mente esse exemplo revelador, pedimos a estudantes de física que previssem o que aconteceria com objetos conhecidos quando estes fossem lançados no espaço exterior, inicialmente e ao longo de um período; ou pedimos a estudantes de história que discorressem sobre as possíveis questões que geram uma guerra civil na Chechênia ou explicassem as razões que provocaram um recente atentado terrorista; aos de literatura, que analisassem poemas de um poeta que acaba de ser premiado ou criticassem uma peça recém-escrita sobre Antônio e Cleópatra; aos de medicina, que estabelecessem um tratamento para uma variedade de gripe que acaba de ser descoberta; aos matriculados na faculdade de administração, que recomendassem ações para uma companhia aérea recentemente reestruturada, que subitamente foi ameaçada com uma greve que pode lhe enfraquecer. Não há porque os alunos responderem a essas questões à maneira de uma pessoa destacada em sua disciplina, pois isso leva anos para se conseguir. No entanto, se suas respostas forem, em essência, impossíveis de diferenciar das de pessoas que nunca estudaram os temas em questão, e se, na verdade, a forma como abordam o problema demonstra pouco ou nenhum método disciplinar, devemos cogitar a possibilidade desconfortável de que o conhecimento factual possa ter aumentado sem um crescimento correlativo na sofisticação disciplinar.

A ausência de pensamento disciplinar é importante. Sem essas formas sofisticadas de pensar, os indivíduos permanecem essencialmente sem formação –

na verdade, sem diferença de pessoas sem instrução – em como pensar sobre o mundo físico, o mundo biológico, o mundo dos seres humanos, o mundo das criações imaginativas, o mundo do comércio. Eles não aproveitam o progresso genuíno adquirido nos últimos milênios por indivíduos instruídos e, embora possam usar roupas da moda e o jargão do momento, os estudantes indisciplinados ficam essencialmente encalhados no mesmo posto intelectual dos bárbaros. Não são capazes de entender o que está sendo dito sobre eventos atuais, novas descobertas científicas, novas técnicas matemáticas, novas obras de arte, novas formas de financiamento, nova legislação ambiental. Conseqüentemente, não conseguirão ter opiniões informadas sobre os eventos do dia, do ano, do século. Sentem-se alienados e burros ou, o que é igualmente ruim, têm ressentimento, sensação de antagonismo, até mesmo ódio em relação àqueles que parecem ser capazes de representar suas compreensões de maneira disciplinada.

Entretanto, você pode argumentar, as pessoas desprovidas de compreensão disciplinar ainda podem se sair bem no cotidiano e ganhar a vida de forma decente, talvez até excelente – e eu não discutiria essa réplica. (Também leio as revistas de celebridades, mas, assim como você, somente no caixa do supermercado.) Ainda assim, eu acrescentaria, essas pessoas são completamente dependentes de outras quando têm que tomar decisões sobre sua própria saúde ou bem-estar ou votar questões importantes para sua época. Além disso, há cada vez menos ocupações nas quais se pode avançar sem alguma sofisticação em termos de pensamento científico, matemático, profissional, comercial e/ou humanístico. As disciplinas acadêmicas possibilitam que você participe do mundo de maneira informada; as disciplinas profissionais permitem que você prospere no local de trabalho.

Outra réplica: o pensamento disciplinar passa bem, mas, na ausência de fatos, números e outros tipos de informação, não se pode dar uso real a ele. Essa resposta também tem um pouco de verdade: precisamos, sim, saber algumas coisas e respeitamos devidamente indivíduos que têm muito conhecimento na ponta da língua mental, mas duas considerações mais importantes superam uma montanha de fatos. Em primeiro lugar, nestes tempos de mecanismos de busca, enciclopédias físicas e virtuais onipresentes e computadores portáteis cada vez mais potentes, praticamente toda a informação necessária ou desejada pode ser acessada quase que imediatamente. Da mesma forma com que o livro transformou a memória fotográfica em um supérfluo, os computadores atuais tornam a memorização forçada ainda menos importante. E, se alguém acredita que é desejável que os indivíduos memorizem falas, poemas ou melodias, esse exercício deve ser feito por interesse próprio ("é bonito e satisfaz"), e não pelo objetivo ilusório de melhorar a capacidade mnemônica geral.

Em segundo lugar, durante a aquisição de uma abordagem disciplinada de temas importantes, as pessoas assimilarão informações úteis: as posições relativas e as distâncias dos outros planetas, os números e os eventos importantes de uma guerra civil, os dispositivos literários usados por Shakespeare ou Pirandello para criar personagens poderosos e tensão dramática, os organogramas de importantes corporações e as identidades dos que os habitam.

Além disso, esse "conhecimento central" ou esse "letramento cultural" serão mais arraigados *e* mais flexíveis por terem sido adquiridos em um contexto dotado de sentido, não sendo simplesmente parte de um regime forçado de memorização de uma lista elaborada por outros.

No final das contas, fica uma razão muito mais importante para a compreensão disciplinar: assim como a maioria das experiências importantes na vida (do orgasmo à filantropia), sua aquisição gera desejo de ter mais. Quando se compreende bem uma determinada peça de teatro, uma guerra específica, um conceito físico, biológico ou gerencial, aguça-se o apetite por mais e mais profunda compreensão e por representações claras nas quais essa compreensão possa ser demonstrada a outras pessoas e a si próprio. Na verdade, aquele que de forma genuína compreende provavelmente não aceitará, no futuro, compreensões apenas superficiais. Em lugar disso, tendo comido o fruto da árvore da compreensão, provavelmente voltará a ela repetidas vezes para nutrir-se intelectualmente de forma ainda mais satisfatória.

Ao destacar a importância – o caráter indispensável – do pensamento disciplinar, usei exemplos de estudantes nos anos básicos da educação universitária ou nas disciplinas gerais, que são realmente os lugares adequados para iniciar a dominar as formas de pensar da ciência, da matemática, da história e das artes. Aplaudo o fato de que, na tomada de decisões sobre admissão, muitas faculdades dão mais peso ao sucesso nesses campos disciplinares do que às disciplinas específicas ligadas a cada campo, seja direito, medicina, administração ou engenharia. Afinal de contas, o propósito da faculdade é formar para uma determinada profissão, e a melhor preparação é aquela em que a mente é disciplinada nas importantes formas de pensamento acadêmico.

Quando uma pessoa inicia a formação profissional, seja em uma escola de pós-graduação (como em direito ou medicina) ou no aprendizado prático de alto nível (como acontece em muitas consultorias, editoras ou no jornalismo), o enfoque disciplinar muda. A aprendizagem é muito menos descontextualizada, com muito menos testes baseados simplesmente em leitura e exposições, sendo a pessoa jogada aos poucos ou subitamente em um mundo que lembra mais de perto o da prática. Pode-se dizer que o foco agora está na disciplina em ação. Não ajuda apenas entender que um advogado, engenheiro ou gestor pensa de forma diferente; colocando-se no lugar deles, deve-se também agir de forma diferente. O pensamento e a ação são aliados mais próximos do que nunca. Os que não conseguem adquirir as práticas específicas ou, na expressão de Donald Schön, tornar-se "profissionais reflexivos",[4] deveriam ser aconselhados a deixar a profissão ou, se me permitem uma brincadeira, deveriam ser estimulados a ser professores.

Talvez, em algum momento, um indivíduo pudesse obter sua licença profissional e depois servir-se somente desses louros pelos 30 ou 50 anos seguintes. Não conheço carreira, de administrador a ministro, à qual essa caracterização ainda se aplique. Na verdade, quanto mais importante for considerada a profissão e quanto mais alta a posição ocupada pelo indivíduo dentro da profissão, mais essencial será que continue a formação, entendida de forma ampla. Às vezes, a aprendizagem continuada acontece em cursos formais; com mais freqüência, acontece em seminários informais, em retiros executivos, em conversas de alto nível e em histórias de guerra, até mesmo ao se ler livros como este. Em certa medida, a formação disciplinar envolve a aquisição de novas habilidades – por exemplo, as ligadas a inovações tecnológicas ou financeiras, mas os níveis inéditos e mais elevados de compreensão dentro das disciplinas, em seu sentido tradicional, têm, no mínimo, a mesma importância. Dessa forma, o estudioso entende as várias maneira nas quais o conhecimento é desenvolvido e propagado; o executivo entende quais capacidades gerenciais são necessárias para determinadas funções, quais são muito mais genéricas, de que forma a liderança deve se ajustar a condições variáveis na mídia ou no local de trabalho. Pode-se tentar ensinar essas idéias nas faculdades, mas, em sua maior parte, elas não seriam bem compreendidas. Pode-se dizer que elas constituem o currículo disciplinar para etapas posteriores da vida.

O OUTRO TIPO DE DISCIPLINA

Isso nos leva ao outro sentido, igualmente importante, do termo *disciplina*. Um indivíduo é disciplinado se tiver adquirido hábitos que lhe permitam progressos constantes e, essencialmente, infinitos no domínio de uma habilidade, ofício ou corpo de conhecimento. Com crianças pequenas, tendemos a pensar em disciplina com relação a esportes e artes. Uma criança disciplinada nesse sentido volta à quadra de basquete ou tênis todos os dias e treina suas jogadas. No caso das artes, essa criança trabalha de forma permanente para aprimorar sua habilidade ao violino, sua caligrafia ou seus passos de balé. Entretanto, uma conotação igualmente importante de disciplina ocorre dentro de um contexto escolar. O aluno do ensino fundamental disciplinado nesse sentido pratica sua leitura, cálculos ou redação todos os dias (tudo bem, ele pode ter folga a cada dois domingos!!!) e o aluno do ensino médio trabalha fiel a seus exercícios do laboratório de ciências, suas provas geométricas ou suas análises de documentos históricos, escritos ou imagéticos. Quando criança, eu praticava no teclado do piano todas as tardes;

agora, com igual regularidade, vou ao teclado do computador a cada noite. Não se sabe ao certo se essas formas de disciplinas estão integralmente relacionadas, pois, apesar dos desejos de pais, pedagogos e alguns psicólogos, as pessoas podem ser bastante disciplinadas em uma esfera e muito falhas em outras.

Os primeiros autores a escrever sobre educação enfatizaram a importância dos exercícios diários, do estudo, da prática e do domínio do assunto. Diferentemente da visão disciplinar esboçada anteriormente, esse tipo de disciplina pouco teve que lutar por um lugar nas escolas. Na verdade, às vezes parece que os observadores apreciam essa forma por si só. Esses observadores demandam mais deveres de casa, mesmo quando as evidências indicam que isso não traz benefícios no ensino fundamental; eles apreciam a criança que se senta obediente em sua mesa e arrancam os cabelos quando uma outra criança liga a TV ou põe música alta ou se recusa a pegar nos livros até o início da noite (ou cedo da manhã) anterior à prova final.

No futuro, precisaremos de uma forma de disciplina menos ritualística, mais profundamente internalizada. Esse indivíduo disciplinado continua aprendendo, mas não por que tenha sido programado para passar duas horas todas as noites debruçado sobre os livros. Ao contrário, continua a aprender, a desenvolver sua compreensão disciplinar, por duas outras razões: (1) entende que, devido à acumulação de novos dados, conhecimentos e métodos, deve se tornar um estudante permanente; (2) passou a gostar do processo de aprender sobre o mundo – na verdade, apaixonou-se por ele. Essa motivação deveria aparecer igualmente no executivo que se aventura em lugares exóticos e freqüenta institutos, abrindo mão da oportunidade de esquiar, mergulhar ou não fazer nada, e no médico que regularmente navega em páginas na internet e lê publicações dedicadas a sua especialidade. Como observou Platão tantos anos atrás: "Através da educação, precisamos ajudar os estudantes a encontrar prazer naquilo que têm que aprender".

A DISCIPLINA NO CAMINHO ERRADO

Ao considerar as cinco mentes, na maior parte do tempo eu me concentro em como ajudar a cultivar cada uma delas. Ainda assim, é salutar lembrar que cada capacidade psicológica tem sua forma patológica. É bom ser cuidadoso e não é desejável ser obsessivo-compulsivo. É ótimo experimentar a fluência, mas deve-se experimentar esse estado fenomenal a partir de atos que sejam construtivos e não dos que sejam criminosos, perigosos ou tolos.

Com relação à mente disciplinada, deve-se registrar uma série de alertas. Para começar, cada disciplina tem suas formas excessivas: todos rimos do advogado que leva sua discussão jurídica à mesa da cozinha, à quadra de basquete ou ao quarto de dormir.

Disciplinas específicas também podem dominar indevidamente o discurso. Cinqüenta anos atrás, o comportamento era visto principalmente por uma lente psicanalítica; hoje em dia, a psicologia evolutiva e a Teoria da Escolha Racional exercem influência excessiva na academia e nas ruas. As pessoas precisam estar cientes dos limites das disciplinas que aprenderam, de quando servir-se delas, quando ajustá-las ou deixá-las de lado. Neste caso, ter mais de uma habilidade disciplinar é uma vantagem. Pode-se, por exemplo, examinar uma obra de arte a partir de uma série de perspectivas, da estética à comercial, passando pela biográfica. É claro que é importante não confundir essas perspectivas, ou não invocá-las quando forem expressamente inadequadas em um determinado contexto.

É possível ser disciplinado *demais*? Com origem alemã (e judia), sou tentado a responder "não", ou *"nein"*. Acredito, sim, que é possível aprofundar-se cada vez mais em uma disciplina, e que essa profundidade crescente pode ser vantajosa para o trabalho, mas é interessante evitar dois riscos. Em primeiro lugar, não se deve seguir uma disciplina obsessivamente, compulsivamente, por si só. Nossa compreensão de direito deve ser aprofundada porque essa profundidade dá compreensão e prazer. Ler, simplesmente, cada caso que se publica e desfilar os próprios conhecimentos é um sinal de imaturidade, e não de discernimento. Além disso, não se deve perder de vista que nenhum tema pode ser totalmente dominado a partir de uma única perspectiva disciplinar. Deve-se manter a humildade em relação à alavancagem obtida com uma disciplina, ou mesmo, com várias delas. Os métodos devem ser ferramentas, e não grilhões.

Recentemente, ouvi falar em jovens prodígios do piano, que tocam durante sete , oito ou mais horas por dia. Às vezes, são levados a isso por pais ou professores exageradamente ambiciosos. Às vezes, curiosamente, são eles mesmos que querem manter esse regime. Por um período curto, essa imersão pode se justificar e talvez não traga qualquer prejuízo, mas essa rotina escravizante sugere um desconhecimento do que a imersão disciplinar pode ou não obter e quais podem ser os custos de longo prazo.

Um dos maiores pianistas de todos os tempos foi Artur Rubinstein (que acabou anglicizando seu nome para Arthur). Quando jovem, era um prodígio e, como a maioria dos prodígios, trabalhava muito em seu ofício. Quando adquiriu renome internacional, sendo celebrado onde quer que fosse, parou de praticar com regularidade e assiduidade suficientes. Um auto-exame franco gerou um quadro deprimente:

> Devo confessar, com pesar, que não estava muito orgulhoso de mim mesmo. A vida consumista que eu estava levando, minha preocupação constante com o sexo

oposto, as madrugadas passadas todas as noites com meus amigos intelectuais, os teatros, as exposições, a boa comida no almoço e no jantar e, pior de tudo, minha atração apaixonada por tudo isso, nunca permitiam que eu me concentrasse em meu trabalho. Eu preparava meus concertos usando o amplo repertório que acumulara, mas sem a necessidade de tocar melhor, sem voltar ao texto, confiando totalmente em minha boa memória e em meu conhecimento talentosamente adquirido sobre como usar o bis para levar o público até o tom e o entusiasmo adequados. Em poucas palavras, eu não podia citar uma única peça que eu tocasse de forma inteiramente fiel ao texto e sem alguns defeitos técnicos. (...) Eu sabia que era um músico nato, mas, em lugar de desenvolver meu talento, eu vivia desse capital.[5]

Rubinstein veio a entender que não poderia viver desse capital indefinidamente sem reabastecê-lo. Como ele mesmo comentou com um conhecido: "Quando não pratico por um dia, eu sei, quando não pratico por dois dias, a orquestra sabe, e quando eu não pratico por três dias, o mundo sabe".[6] Assim sendo, ele renunciou aos poucos à sua vida de sibarita,* estabeleceu-se, começou uma família e começou a praticar o repertório com mais regularidade e consciência. Diferentemente da maioria dos pianistas, ele foi capaz de tocar em público e em alto nível até depois dos 80 anos. Ele é um exemplo de alguém que foi capaz, em última análise, de casar os dois significados do termo disciplina: domínio de um ofício e capacidade de renová-lo através de aplicação regular com o passar dos anos. Espero ter convencido você de que, embora o processo seja árduo, pode-se construir uma mente disciplinada e sua conquista representa um marco importante, na verdade, indispensável. Infelizmente, só uma mente disciplinada não basta mais. Mais e mais conhecimento reside atualmente nos espaços intermediários ou nas conexões entre as várias disciplinas. No futuro, as pessoas deverão aprender como sintetizar conhecimento e como ampliá-lo de formas novas e desconhecidas.

NOTAS

1 Alan Bennett, *The History Boys* (London: Faber & Faber, 2004).
2 Lee S. Shulman, "Signature Pedagogies", Daedalus, verão de 2005, 52–59.
3 David Perkins, "Education for the Unknown" (artigo apresentado ao Projeto Zero da Universidade de Harvard, Cambridge, MA, 5 de março de 2006).
4 Donald Schön, *The Reflective Practitioner* (New York: Basic Books, 1983).
5 Arthur Rubinstein, *My Many Years* (New York: Knopf, 1980), 218–219, 258.
6 Michael Maccoby, comunicação pessoal, 11 de outubro de 2006.

---

* N. de R. Sibarita: aquele que valoriza o luxo e os prazeres.

3
A mente sintetizadora

O inferno é um lugar onde nada se conecta com nada.
Vartan Gregorian, citando Dante

Na tradição sacra do Ocidente, a história da humanidade começa no jardim do Éden, quando Adão foi seduzido a dar uma primeira mordida na fruta da árvore do conhecimento. Para as gerações que se seguiram imediatamente ao Adão bíblico, o conhecimento acumulou-se a um ritmo suficientemente lento que pudesse ser passado adiante de forma oral (embora, talvez, não em nacos do tamanho de maçãs), de pais para filhos e a cada nova geração. Mas os seres humanos diferenciam-se pelo fato de que continuam a acumular conhecimento em ritmos cada vez mais acelerados. Na verdade, a própria Bíblia representa um esforço para organizar o conhecimento mais importante surgido até então, o qual, é claro, tendia muito em direção a mensagens religiosas e morais.

Quando as sociedades adquiriram consciência do conhecimento que se havia acumulado, uma ocorrência que pode ter sido associada ao advento da alfabetização, grupos tentaram estabelecer o que era conhecido de maneiras que fossem claras, sistemáticas e facilmente entendidas pela geração seguinte. Na tradição ocidental secular, os filósofos pré-socráticos foram os primeiros indivíduos a buscar ordenar o conhecimento existente. Seus sucessores – Sócrates, Platão e, mais especialmente, Aristóteles – esforçaram-se para organizar não apenas o conhecimento sobre como vivemos, mas também, talvez especialmente, o conhecimento existente sobre o mundo como ele era entendido na época. Os livros de Aristóteles – *Física*, *Metafísica*, *Poética*, *Retórica*, entre muitos outros – representam o currículo que havia sido delineado. Não é de se estranhar que ele tenha sido conhecido por quase dois milênios como O Filósofo. Todavia, ele não estava só, pois existe no Ocidente uma linhagem formidável de sintetizadores, de Aristóteles a São Tomás de Aquino (em muitos aspectos, o equivalente cristão de Aristóteles), passando por Santo Agostinho e depois ao Dante literário, ao prodigiosamente talentoso Leonardo da Vinci, aos enciclopedistas do século XVIII, à micropédia e à macropédia da *Encyclopedia Britannica* do final do século XX e, mais recentemente, à Wikipédia do século XXI. Linhagens semelhantes poderiam ser identificadas em outras tradições culturais importantes.

A capacidade de articular informações de diferentes fontes em um todo coerente é vital hoje em dia. A quantidade de conhecimento acumulado estaria dobrando a cada dois ou três dias (a sabedoria supostamente cresce mais devagar!). As fontes de informação são vastas e distintas, e os indivíduos têm fome de coerência e integração. O físico e ganhador do Prêmio Nobel Murray Gell-Mann afirmou que a mente mais valorizada no século XXI será aquela que souber fazer boas sínteses.

Quando escrevi sobre síntese na publicação *Harvard Business Review*, recebi uma confirmação evocativa de Richard Severs, um capitão da marinha: "Já passei por esse dilema. Sintetizar quantidades imensas de dados, inteligência, pontos de vista, opiniões, táticas, e tentar manter um quadro estratégico foi um desafio. Você sente aquilo se esgueirando para dentro do seu cérebro como se tomasse conta e paralisasse, e simplesmente tem que engolir tudo, peneirar mais rápido e guardar. É certamente desafiador, mas, se praticar, você desenvolve um bom recurso para a caixa de ferramentas da liderança".[1]

Mesmo assim, as forças que se colocam no caminho da síntese são formidáveis. No capítulo anterior, afirmei que a maioria de nós tem dificuldades até de pensar sistematicamente dentro de uma disciplina acadêmica ou profissão, imagine a tarefa de dominar uma série de perspectivas e depois juntá-las em um amálgama útil! Para aumentar essa dificuldade, há o fato de que a cognição individual é bastante específica em relação a domínios, ou seja, como espécie, estamos predispostos a aprender habilidades em determinados contextos e resistir – ou, pelo menos, considerar problemática – a sua generalização mais ampla ou a sua aplicação mais generalizada. Poucos indivíduos e um número ainda menor de instituições sabem ensinar a habilidade da síntese e, para finalizar, mesmo quando a capacidade de sintetizar é desejável e cultivada, carecemos de referências para determinar quando uma síntese produtiva foi alcançada, em oposição a quando a síntese proposta é prematura, imprecisa e mesmo fundamentalmente errada. Como é o caso de cada uma das outras mentes descritas aqui, a candidata a mente sintetizadora deve enfrentar forças que parecem estar mobilizadas contra sua devida realização.

TIPOS DE SÍNTESES

Contra as probabilidades, os indivíduos buscam a síntese. Podemos citar exemplos bem-sucedidos. Essas sínteses requerem que juntemos elementos que originalmente estavam desarticulados ou separados.

Os tipos a seguir são os mais comuns, junto com alguns exemplos impressionantes:

1. *Narrativas*. O sintetizador junta conteúdo em uma narrativa coerente. Os exemplos vão desde a Bíblia até um livro-texto de história contemporânea ou ciências sociais. As narrativas existem tanto na ficção (*Guerra e paz*, de Tolstói) quanto no domínio não-ficcional (*Declínio e queda do império romano*, de Gibbon).
2. *Taxonomias*. Os conteúdos são organizados em termos de características principais. Por exemplo, o sistema decimal de Dewey na biblioteca, a classificação de plantas e animais de Lineu, um balancete com partidas dobradas em um relatório anual. Essas taxonomias são apresentadas muitas vezes em gráficos ou tabelas. O russo Mendeleiev teve sucesso onde os alquimistas de épocas anteriores haviam falhado: conseguiu produzir uma tabela periódica dos elementos da Terra e, como entendeu os princípios que geravam suas estruturas atômicas, esse cientista sintetizador conseguiu até prever a existência de elementos que ainda não haviam sido descobertos.
3. *Conceitos complexos*. Um conceito recém-estipulado pode juntar ou mesclar uma gama de fenômenos. Charles Darwin obteve essa síntese em seu conceito de seleção natural. Sigmund Freud desenvolveu o conceito de inconsciente, Adam Smith introduziu o conceito de *divisão do trabalho*. Na análise literária, T. S. Eliot criou o conceito de correlato objetivo, ou seja, a concretização de uma emoção em uma determinada situação, de forma tal que o leitor viesse a inferir a emoção pretendida sem sua menção explícita. No campo dos negócios, Michael Porter interpretou a estratégia como uma síntese de cinco forças que, juntas, determinam o lucro potencial. E observe a demasia de conceitos na análise financeira: o ciclo de negócios, índice preço-lucro, o princípio dos vinte-oitenta (também conhecido como lei de Pareto).
4. *Regras e Aforismos*. Grande parte da sabedoria popular é captada e transmitida por meio de frases curtas, elaboradas para serem fáceis de lembrar e de aplicação ampla. Em diversas sociedades, quase todo mundo aprende alguma versão das frases "pense duas vezes antes de agir", "não tente assoviar e chupar cana ao mesmo tempo", "é melhor prevenir do que remediar". Essas verdades diferentes também per-

meiam o local de trabalho. "Um mau acordo é melhor do que uma boa demanda", ensina-se aos advogados. "Diversifique seu portfólio" é a palavra de ordem entre os investidores. Executivos de grandes empresas preferem declarações de missão sucintas, como "Pense", da IBM, ou "O progresso é nosso produto mais importante", da GE. E aos cientistas se aconselha: "Sempre repita um experimento e quanto mais surpreendente for o resultado, maior é o imperativo de repetir".

5. *Metáforas, imagens e temas poderosos*. Os indivíduos podem dar vida a conceitos invocando metáforas. Darwin descreveu a evolução como uma árvore com seus galhos e a especiação como a margem de um rio com um emaranhado de plantas; Freud considerava o inconsciente como uma região subterrânea do pensamento consciente, e o id como o cavalo que conseguia sacudir o cavaleiro ego; Adam Smith caracterizava a natureza auto-reguladora dos mercados por meio da imagem da mão invisível. As metáforas podem ser apresentadas com imagens ou verbalmente. O historiador da Grécia Gerald Holton aponta o fato de que os sintetizadores muitas vezes baseiam suas idéias em *"themata"* subjacentes dos quais eles próprios podem não estar cientes.[2] Por exemplo, tanto Freud quanto Darwin viam a vida como uma luta entre forças mortalmente opostas, ao passo que Smith visualizava uma sociedade harmônica, baseada nos princípios do intercâmbio. As corporações criam marcas, através de palavras, imagens e *jingles*.

6. *Corporificações sem palavras*. Até agora, meus exemplos foram tirados principalmente de temas acadêmicos e da vida cotidiana. Sínteses poderosas também podem estar corporificadas em obras de arte. Por exemplo, o famoso *Guernica*, de Picasso, no qual forças violentas da guerra civil espanhola são captadas em um único mural cubista; a evocativa obra de Hogarth, *Rake's progress*, que faz uma crônica da dissolução patética de um libertino e, talvez o mais famoso de todos, a ilustrações dos eventos bíblicos feitos por Michelangelo no teto da Capela Sistina. As sínteses também existem em outras artes: o *Anel dos Nibelungos*, de Wagner, a inacabada Catedral da Sagrada Famí-lia, de Gaudi, em Barcelona, o balé A *Sagração da primavera*, de Stravinsky, as recriações modernistas de Martha Graham dos rituais indígenas do sudoeste dos Estados Unidos, *Tempos modernos*, de Charlie Chaplin, e *Morangos silvestres*, de Ingmar Bergman, vêm à mente.

7. *Teorias*. Os conceitos podem ser amalgamados em uma teoria. A teoria de Darwin sobre a evolução combina os conceitos de variação, concorrência, seleção natural e sobrevivência até a reprodução. A

teoria psicanalítica de Freud é construída a partir dos conceitos de recalque, sexualidade infantil, associação livre e o inconsciente. A teoria de Adam Smith sobre a economia de mercado junta idéias de oferta e procura, força de trabalho, produção, lucro e perda.
8. *Metateoria*. É possível propor uma estrutura geral para o conhecimento, bem como uma "teoria das teorias". Georg Wilhelm Friedrich Hegel descreveu uma seqüência de desenvolvimento universal inexorável – donde "meta" – da tese à antítese e daí à síntese; invertendo Hegel em sua cabeça, Karl Marx considerou os fatores econômicos/materiais como determinantes, com as idéias surgindo como uma superestrutura. Thomas Kuhn afirmou que os novos paradigmas científicos são, por definição, incomensuráveis com seus antecessores: os proponentes de novos paradigmas devem esperar até que os defensores do paradigma que estava arraigado antes tenham saído de cena. O filósofo do conhecimento Jean-François Lyotard questiona a legitimidade dessas teorias que tudo abarcam – com a exceção da metateoria de que não há metateorias!

COMPONENTES DAS SÍNTESES

Já basta dos tipos de feitos mentais que podem ser chamados de "sínteses." A realização de uma síntese efetiva, até mesmo uma muito menos grandiosa do que as famosas recém-mencionadas é um feito considerável. No mínimo, qualquer esforço de sintetizar acarreta quatro componentes, ordenados de forma livre:

1. *Um objetivo – uma declaração ou concepção daquilo que o sintetizador está tentando realizar.* Os exemplos vão desde o desejo de Freud de criar uma psicologia da mente até a meta de Picasso de captar na tela a destruição de uma cidade inteira.
2. *Um ponto de partida – uma idéia, uma imagem ou, até mesmo, um trabalho anterior do qual partir.* Darwin deu início a seus esforços usando teorias evolutivas anteriores, por um lado, e sua observações a bordo do Beagle, por outro. *Terra devastada*, de Eliot, partiu de suas versões poéticas anteriores de desolação e de muitos textos, muitas vezes desconhecidos, em uma série de linguagens e idiomas.
3. *Seleção de estratégia, método e abordagem.* É aqui que a formação disciplinar do sintetizador entra em jogo. Ele deve escolher o formato de sua síntese final – por exemplo, um dos oito tipos que acabo de apresentar. A seguir, servindo-se das ferramentas de sua disciplina, ele deve avançar, com os percalços previsíveis, em direção a seu objetivo.

Essas ferramentas podem ir desde a análise lógica do filósofo até a interpretação de cadernos de notas, blocos de rascunho e diários do desenhista ou romancista. Ao elaborar um plano de negócios, o executivo deve consultar especialistas, encomendar estudos, conduzir grupos focais de gerentes e clientes. Não há garantia, é claro, de que as habilidades tradicionais do ofício se mostrarão satisfatórias ou mesmo apropriadas para a síntese proposta, de forma que a escolha da ferramenta deve ser sempre experimental, sujeita à revisão ou mesmo, ocasionalmente, à rejeição total.

4. *Esboços e avaliação.* Mais cedo ou mais tarde, o sintetizador deve fazer uma experiência inicial de síntese: o resumo do artigo, o sumário da palestra ou do capítulo, a maquete para o edifício ou a estátua, o plano beta de negócios. Essa primeira tentativa pode até mesmo ser, ela própria, uma síntese provisória. Sabemos, a partir das anotações de mestres da criação – Picasso, Freud, Darwin, Martha Graham – que os primeiros esboços costumam ser primitivos, mas, ainda assim, contêm o núcleo crucial da versão final. O filósofo Charles Sanders Peirce afirmava que essas conjecturas preternaturalmente inteligentes envolviam um poder mental especial que ele chamou de "abdução".

Para embasar essa discussão, considere a situação do executivo recém-recrutado para reestruturar uma empresa, que anuncia uma meta concreta: uma análise daquilo que deu errado nos últimos anos e um plano concreto para corrigir o rumo. Esse será seu exercício de síntese. Obviamente, esse executivo deve escutar, observar, estudar e consultar muito, assim como evitar falar mal de seus predecessores e de seus novos colegas. Ainda assim, precisa de um ponto de partida – a melhor compreensão disponível sobre o que aconteceu na empresa e sobre as opções viáveis. Isso, aliás, *seria* sua opção de síntese se ele não tivesse qualquer tempo ou recurso. Os meses preciosos lhe permitiriam visualizar uma estratégia para revisar os registros, acumular informações a partir de empregados atuais e passados, e de observadores informados, testar várias opções e cenários, vir a entender a empresa, seu passado e seu cenário competitivo atual. Em determinado momento, ele deve interromper o influxo de informações e a reflexão, voltando suas atenções à preparação da melhor síntese que for capaz de organizar. Se tiver sorte, disporá de tempo para avaliação e uma série de repetições adicionais. Muitas vezes, o tempo estará passando com impaciência crescente e ele terá que se "contentar" com seu segundo ou terceiro esboços. Entre os oito formatos descritos, qual é provável que o executivo use? A forma mais comum de síntese é a narrativa, uma forma acessível a todos. As imagens e metáforas poderosas são sempre bem-vindas. Dentro da forma narrativa, o executivo fica livre para usar aforismos, conceitos e taxonomias. Se puder personificar sua síntese em seu próprio comportamento, será excelente, mas, a menos que esteja lidando com um público sofisticado (ou tentando obter um lugar para lecionar em uma universidade), ele deve passar longe das teorias. Nem precisamos nos preocupar com a possibilidade de ele produzir uma metateoria!

Com relação ao executivo, permitam-me ser claro: sua tarefa não termina, de maneira alguma, quando a síntese for realizada. A síntese nada mais é do que um primeiro passo para reestruturar a empresa. Pelo menos tão importantes quanto ela são o desenvolvimento de uma estratégia, sua execução e a inevitável correção de rumo durante o percurso. Na verdade, embora possa ser opcional para o resto de nós, uma mente estratégica é uma necessidade para um executivo, mas sua estratégia tem muito mais probabilidade de ser eficaz se estiver baseada em uma síntese sólida, construída minuciosamente.

SÍNTESE INTERDISCIPLINAR: AS RECOMPENSAS, OS RISCOS

Talvez a forma mais ambiciosa de síntese ocorra no *trabalho interdisciplinar*. Essa expressão não deve ser invocada em vão. Por exemplo, não consideramos um indivíduo bilíngue a menos que ele tenha dominado mais de uma língua; na mesma linha, é inadequado caracterizar um trabalho como sendo genuinamente interdisciplinar a menos que ele implique a combinação apropriada de, ao menos, duas disciplinas. Mais do que isso, pelo menos no plano ideal, as duas disciplinas não devem ser simplesmente justapostas, e sim verdadeiramente integradas. Essa integração deve produzir uma compreensão que não poderia ser obtida somente dentro de cada uma das disciplinas originais.

O termo *interdisciplinar* é muito usado hoje em dia. Dentro da academia, como acabo de observar, aplica-se a estudos que se baseiam deliberadamente em, pelo menos, duas disciplinas acadêmicas e busquem integração sinérgica. Os bioquímicos combinam conhecimento biológico e químico, os historiadores da ciência aplicam as ferramentas da história a um ou mais campos da ciência. Na vida profissional, a interdisciplinaridade geralmente é aplicada a uma equipe composta por membros que têm formação profissional diferente. Em um ambiente médico, uma equipe interdisciplinar pode consistir em um ou mais cirurgiões, anestesistas, radiologistas, enfermeiros, terapeutas e assistentes sociais. Em um ambiente empresarial, uma equipe interdisciplinar ou multifuncional pode ter inventores, projetistas, profissionais de *marketing*, profissionais de venda e representantes de diferentes níveis de gerenciamento. As equipes interdisciplinares de ponta são chamadas, às vezes, de *Skunk Works*: os membros têm latitude considerável, partindo-se do pressuposto de que sairão de seus silos habituais e se envolverão nas formas mais intensas de conexão.

Cada forma de síntese pode ser realizada mais ou menos bem. As narrativas podem ser incoerentes, espasmódicas ou forçadas, como, por exemplo, um texto de história dos Estados Unidos que ignorasse os indígenas ou se ativesse à herança dos puritanos. As taxonomias podem ser prematuras ou ilegítimas, por exemplo, as muitas iniciativas infrutíferas de classificar vários metais, por parte de alquimistas em busca de ouro, durante séculos. Os conceitos podem ser enganadores, como a noção psicológica de inteligência que ignore manifestações artísticas e sociais do intelecto. As metáforas podem ser falaciosas, como a teoria do dominó, segundo a qual os países cederiam um por um ao comunismo, a qual se mostrou incorreta. As teorias caem em face de fatos desconfortáveis: o comunismo foi "o deus que falhou" e, contrariamente às previsões de Marx, sobreviveu nos países menos desenvolvidos, e não nos mais desenvolvidos. A economia do *laissez-faire* de Adam Smith tem que ser "consertada" através de intervenções keynesianas por parte do governo. E, como observei antes, o filósofo francês Jean-François Lyotard considera a busca de metateorias como fadada ao fracasso.

Os perigos da síntese inadequada talvez se manifestem mais quando se trata de trabalho interdisciplinar. Para começo de conversa, grande parte da atividade nos primeiros anos da escola é chamada erroneamente de "interdisciplinar". As crianças podem muito bem aproveitar trabalhos de sala de aula evocativos ou trabalhar em uma unidade sobre temas gerativos como "padrões visuais", "água" ou o "berço da civilização", mas esses empreendimentos não envolvem disciplinas em qualquer sentido legítimo do termo. Ao fazer um diorama ou uma dança, ao pensar sobre água ou sobre cidades de várias formas, os alunos estão se servindo do senso comum, de experiências comuns ou de terminologias ou exemplos comuns. Se nenhuma disciplina específica está sendo aplicada, então, claramente, não pode haver pensamento interdisciplinar em funcionamento.

Mesmo quando os estudantes começarem a dominar as disciplinas de forma singular, não há garantia de que uma combinação de disciplinas seja conectada de forma apropriada ou produtiva. Algumas matérias na escola podem muito bem envolver história e artes. Pode-se ler sobre as batalhas da Guerra Civil Espanhola em um texto de história *e* também olhar o quadro *Guernica*, ou ler os romances de André Malraux ou Ernest Hemingway, sem fazer qualquer esforço específico de vincular ou comparar essas fontes. Podemos chamar essa abordagem de "justaposição disciplinar" – uma dificuldade de entender a elucidação que pode advir quando diferentes perspectivas são juntadas sinergicamente.

Mesmo quando se fazem esforços genuínos para vincular as disciplinas, não há garantia de que o vínculo será bem direcionado ou apresentará novos esclarecimentos. Se, por exemplo, um indivíduo toma muito literalmente a representação artística e supõe que o romancista Malraux é um repórter ou o pintor cubista Picasso é um pintor realista, poderá fazer inferências inadequadas. A psicologia evolutiva faz muito sentido quando tenta explicar os diferentes padrões comportamentais apresentados por machos e fêmeas durante a corte ou o ato sexual; a psicologia evolutiva desvia-se quando tenta explicar tendências históricas ou preferências artísticas.

Riscos semelhantes podem ser observados nas esferas profissional e empresarial. Tomemos como exemplo o jornalismo. Repórteres, editores, membros do público e acionistas podem estar todos envolvidos no mesmo veículo de transmissão ou impresso, mas não há garantias de que representantes dessas diferentes populações vejam as coisas da mesma forma ou que sejam capazes de juntos trabalharem bem. Corporações multinacionais, como 3M, BP ou Sony, todas empregam cientistas, pessoal de recursos humanos, contadores, profissionais de *marketing* e especialistas em TI, mas se podem esperar problemas de comunicação quando esses especialistas diferentes são jogados, todos juntos, em uma força-tarefa e se pede que projetem um novo centro de lazer.

Não me entendam mal, a investigação interdisciplinar é muito importante e os melhores trabalhos interdisciplinares são muito valorizados em nossa época. Nossos estudos sugerem que esse tipo de trabalho geralmente é motivado por uma das três considerações a seguir:

1. *Um conceito novo e poderoso foi desenvolvido e é convidativo e oportuno para testar o alcance do conceito.* Por exemplo, nos últimos anos, os matemáticos desenvolveram teorias da complexidade, do caos e das catástrofes. Essas teorias acabaram por ter aplicações importantes, tanto explicativas quanto metodológicas, nas ciências físicas. Porém, é legítimo questionar se os exemplos instrutivos de complexidade podem ser discernidos dentro de outras ciências (como a biologia), nas ciências sociais (como a economia) e, talvez, até mesmo nas humanidades (como a história política e a história da arte). Um exemplo paralelo existe no mundo dos negócios: a idéia de tecnologias disruptivas de baixo custo, que causam grandes mudanças e ajudam os recém-chegados, ao mesmo tempo em que ameaçam desalojar os atores mais antigos, maiores e mais complacentes de um setor.[3] É útil para as pessoas em empresas e diferentes profissões familiarizarem-se com esse conceito. Permanece aberta a questão de até onde o conceito de tecnologia

disruptiva se aplica a diferentes setores, a diferentes nichos dentro de um setor e a entidades sem fins lucrativos, como universidades ou organizações não-governamentais.[4] Além disso, o que conta como disruptivo na esfera tecnológica pode ser bastante diferente do que realmente é disruptivo nas áreas de vendas ou recursos humanos.

2. *Um fenômeno importante surgiu, e uma compreensão completa desse fenômeno pede, ou mesmo exige, a sua contextualização.* Na maioria dos casos, começa-se a entender a teoria da relatividade em termos de conceitos constitutivos da física e da matemática. Uma compreensão mais ampla e nuançada da relatividade pode surgir à medida que se adquire familiaridade com a história da ciência no final do século XIX. Em outros domínios ocorrem eventos, inclusive desafios à ortodoxia na política e nas artes, e as questões específicas com as quais Einstein estava lidando, desde leituras de clássicos da filosofia da ciência até suas tarefas cotidianas como funcionário do escritório de patentes, que abrangiam esforços para determinar o momento preciso em que um trem estava chegando a uma destinação distante.[5]

Um exemplo bem diferente surge da esfera médica. Testes de seleção genética possibilitam uma determinação segura de quem será atingido por uma doença como a coréia de Huntington ou uma determinação probabilística de quem contrairá vários tipos de câncer. A questão de comunicar essa informação às vítimas potenciais e às famílias e, sendo assim, qual a melhor forma de fazê-lo, não pode ser deixada somente para o geneticista ou mesmo para o médico ou orientador religioso da família. Em termos ideais, equipes compostas de geneticistas, terapeutas genéticos, médicos, assistentes sociais, líderes religiosos e eticistas deveriam refletir sobre a questão e, ainda assim, não há garantias de que indivíduos com diferentes formações disciplinares conceituem – ou devam conceituar – essa questão complicada da mesma forma.

Esse exemplo também não está distante da vida empresarial. Suponhamos que uma nova droga, amplamente anunciada, acabe provocando efeitos colaterais graves em uma proporção muito pequena da população. Infelizmente, os registros históricos documentam uma forte tendência por parte dos executivos de tentar esconder esse tipo de descoberta, ou "dourar a pílula", mas mesmo nos casos em que há consenso no sentido de assumir a verdade, podem persistir discordâncias fortes entre especialistas com relação à maneira com que se faz o anúncio, à maneira como informar médicos e pacientes, às preparações em torno do anúncio público e às mudanças subseqüentes a serem feitas (ou não) nas pesquisas, no andamento e na suspensão de novas drogas por parte da empresa.

3. *Surge um problema urgente e as atuais disciplinas individuais mostram-se inadequadas para resolvê-lo.* Os jornais estão cheios de reportagens sobre condições problemáticas – pobreza generalizada, difusão de doenças fatais, poluição do meio-ambiente, ameaças à privacidade, o espectro do terrorismo sempre à espreita – que pedem solução. Esses desafios não podem ser entendidos, muito menos enfrentados, sem que várias disciplinas e profissões sejam envolvidas. Sendo assim, mesmo quando o pesquisador ou formulador de políticas prefere trabalhar dentro dos limites de uma única disciplina, em pouco tempo fica claro que é necessário convocar outras, por exemplo, virologia, demografia, imunologia, psicologia comportamental e teoria das redes sociais no caso da difusão e do tratamento da AIDS.

Observe que nenhum desses esforços de síntese surge no vácuo. Em cada caso, há um objetivo motivador, um caso inicial tomado pelo sintetizador, um conjunto de ferramentas e estratégias que pode ser empregado, uma ou mais sínteses provisórias e, pelo menos, alguns critérios segundo os quais o sucesso da síntese pode ser avaliado. E, repetindo, a síntese não é a mesma coisa que uma estratégia executada com êxito, mas pode muito bem ser um ponto de partida essencial.

SÍNTESES QUE PROMETEM E AS QUE PROMETEM DEMAIS

As sínteses são apresentadas todo o tempo – por exemplo, a maioria dos livros-texto e muitos livros dirigidos ao público em geral (incluindo este!) são esforços sinceros de sintetizar conhecimento sobre um tema possivelmente difícil, de forma que ele possa ser assimilado por um determinado público-alvo. Não é possível determinar o que constitui uma síntese adequada em termos abstratos. Assim como na questão, proverbial em língua inglesa, "é possível esticar uma corda de um lado a outro de uma sala?", a resposta deve ser contextualizada. Acontece que chegar a uma síntese adequada é algo desafiador, e antecipar os critérios para uma avaliação, ainda mais.

Há dois livros com títulos semelhantes que me oferecem uma chance de tratar desse enigma. Em 2003, o autor de relatos de viagem Bill Bryson publicou um livro com o título grandioso de *A short history of nearly everything* (Breve história de quase tudo). Em cerca de 500 páginas de texto ricamente documentado, Bryson tenta resumir e ilustrar aquilo que a ciência já descobriu sobre os mundos físico e humano. Ele coloca a questão de forma encantadora: "Para que você esteja aqui, agora, trilhões de átomos erráticos tiveram que se juntar de alguma forma, de uma maneira intrincada e intrigantemente prestativa, para criar você. É uma configuração tão especializada e específica que nunca foi tentada antes e só existe desta vez".⁶

Bryson começa com descobertas sobre o cosmos, discutindo o que sabemos sobre o universo, como começou, seus vários corpos celestes e nosso lugar no firmamento. Depois avança para o conhecimento geológico sobre o planeta Terra, cobrindo seu tamanho, sua idade e seus elementos constitutivos, incluindo as mais minúsculas partículas de *quantum*. Faz um levantamento de descobertas sobre a biologia humana, desde as origens da vida no planeta até seu atual desenvolvimento, dos organismos monocelulares ao mais complexo dos primatas, e de nossas próprias origens como células únicas aos 10 trilhões delas que constituem o corpo humano adulto. Ele conclui com a divertida noção de que a obra monumental de Isaac Newton, *Principia*, surgiu mais ou menos na época em que o pássaro dodô foi extinto. Em suas palavras: "Eu teria dificuldades, reconheço, de encontrar um par de ocorrências melhor do que esse para ilustrar a natureza divina e perversa do ser humano – uma espécie de organismo capaz de revelar os segredos mais profundos dos céus, ao mesmo tempo em que levava à extinção, sem qualquer propósito, uma criatura que nunca nos causou qualquer dano e não era capaz de entender, nem de longe, o que estávamos fazendo a ela, enquanto o fazíamos".⁷

A síntese de Bryson me basta. Ele cobre uma grande quantidade de território, mas de uma maneira que faz sentido em termos lógicos e constitui uma história útil. Em lugar de jogar mil nomes ou mil fatos, apresenta um punhado de histórias específicas fascinantes, em detalhes, tira as lições adequadas e identifica ligações entre elas. O quadro geral do que é enorme e do que é infinitesimal, do distante e do íntimo, permanece sempre em primeiro plano. E ele nunca perde a si mesmo de vista, como o guia bem-intencionado, mas longe de ser onisciente, e nós, leitores, como o público com pouca formação científica, mas ávido para aprender. Isso pode ser devido ao fato de que, segundo seu próprio testemunho, Bryson não era especialista quando começou a pesquisar para este livro. Em lugar disso (relembrando Dante acompanhado por Virgílio), era o aprendiz que queria entender o suficiente para poder compartilhar sua própria síntese com seu novo grupo de leitores. Em minha visão, o nobre professor teve sucesso.

Fico menos convencido com a *A brief history of everything* (Uma breve história de tudo), de Ken Wilber. Wilber é amplamente reconhecido como um intelectual polímata, um estudioso, em grande parte autodidata, que domina vastos campos de conhecimento na filosofia, teologia, ciência e psicologia (entre outras disciplinas) e que se esforça sem descanso para juntá-las em uma estrutura teórica abrangente. Até onde eu sei, ele é, de longe, o mais ambicioso sintetizador em atividade na língua inglesa e, em muitos aspectos, o mais bem-sucedido.

Em vários trabalhos, incluindo o livro citado acima, Wilber tenta organizar todo o conhecimento em taxonomias, esquemas, hierarquias. Os quadros que usa incluem ir do físico ao psicológico, das formas mais reduzidas de cognição aos planos mais elevados de consciência; situar todas as disciplinas em termos de suas contribuições a sua visão holística; agrupar dúzias de teóricos em uma estrutura abrangente e, acima de tudo, tentar relacionar todas essas dimensões ao domínio superior, o domínio do espiritual – "onde o Espírito torna-se consciente de si, desperta para si próprio, começa a reconhecer sua verdadeira natureza".[8] Com a expressão "o espiritual", Wilber não está se referindo a uma religião específica; na verdade, como insistem seus admiradores, ele vinculou os conceitos oriental e ocidental de espírito. O autor acredita ter discernido um consenso notável entre pensadores do mundo todo, "quer eles vivam nos dias de hoje ou seis mil anos atrás, sejam do Novo México ou do Faroeste, do Japão ou do Extremo Oriente".[9]

Para transmitir a natureza um tanto problemática do empreendimento wilberiano, é melhor apresentar alguns exemplos de seus próprios textos. Questionado sobre a relação entre profundidade e consciência, ele diz: "A consciência é simplesmente o que a profundidade parece, vista de dentro. Então é verdade, a profundidade está em toda parte, a consciência está em toda parte, o Espírito está em toda parte. E, à medida que a profundidade aumenta, a consciência se desperta cada vez mais, o Espírito se revela cada vez mais. Dizer que a evolução produz maior profundidade é simplesmente dizer que ela revela maior consciência".[10] Explicando seu procedimento, ele relata:

> Simplesmente comecei a fazer listas de todos esses mapas holárquicos – convencionais e da nova era, pré-modernos, modernos e pós-modernos – tudo, desde a teoria dos sistemas à Grande Cadeia do Ser, das vijanas budistas a Piaget, Marx, Kohlberg, as koshas vedânticas, Loevinger, Maslow, Lenski, a Cabala e assim por diante. Eu tinha literalmente centenas dessas coisas, esses mapas, espalhados pelo chão, sobre enormes folhas de papel... Pensei que conseguiria encontrar a holarquia única e básica que eles estavam tentando representar à sua própria maneira... Ficou muito óbvio que cada holarquia em cada grupo estava, na verdade, tentando lidar com o mesmo território, mas, em termos gerais, tínhamos quatro territórios diferentes dos quais falar.[11]

Sem dúvida, esse é um esforço nobre, e se Wilber não tentasse, outros o fariam. Por que, então, eu estou descontente, insatisfeito? Acho que é porque Wilber surge como o "aglomerador" máximo. Ele está sempre pronto para ver conexões, juntar teorias, histórias, exemplos, acentuar suas características comuns, a detectar sua ordem em uma ordem ainda maior. Um exemplo dessa compulsão a aglomerar vem de sua frase: "Nos últimos tempos, a evolução cultural foi capitaneada, de várias maneiras, por Jürgen Habermas, Gerald Heard, Michael Murphy, W. G. Runciman, Sisirkumar Ghose, Alastair Taylor, Gerhard Lenski, Jean Houston, Duane Elgin, Jay Earley, Daniel Dennett, Robert Bellah, Erwin Laszlo, Kishore Gandhi e Jean Gebser, para citar apenas alguns".[12] Longe de ser um exemplo isolado, declarações desse tipo aparecem dezenas, se não centenas, de vezes em seus volumosos escritos.

Os "aglomeradores" são comparados com os "separadores", que fazem distinções, desfrutam dos contrastes, sempre perguntam: "Por que essas duas coisas não se conectam? Qual é a diferença, qual é a distinção fundamental?" Em um contínuo entre uns e outros, estou situado em algum ponto intermediário. Mesmo assim, ao me deparar com um dos textos de Wilber, sinto-me estranhamente antagônico ao ato de aglomerar. Quando tudo se conecta com tudo o mais – naquilo que Wilber gosta de chamar de a Grande Cadeia do Ser – sente-se uma pressão forte para estabelecer prioridades, distinções, comparações esclarecedoras. Seria difícil saber como refutar Wilber, na verdade, por onde começar, onde discernir as tensões e lutas que permeiam o texto de Bryson, mas que são inevitavelmente embrulhadas na busca compulsiva que Wilber faz de um tecido conectivo. Seus esforços praticamente paralisam a mente crítica.

Admito que minha preferência por Bryson em relação a Wilber é uma questão de gosto, e agradeço ao segundo por abrir meus olhos a muitas literaturas e dar um lugar para meus próprios escritos em seu amplo esquema. Para os que se dedicam a empilhar, ele é um profeta.

Receio, contudo, que sua síntese venha a fazer sentido apenas àqueles que já aceitam seu pressuposto principal – seus *themata* organizadores – de que tudo pode ser organizado em um esquema gigante. Ele tem poucas chances de ganhar adeptos entre os céticos, de obter devotos entre os separadores.

POR QUE A SÍNTESE É DIFÍCIL, MAS POSSÍVEL

A mente da pessoa de pouca idade caracteriza-se por dois aspectos poderosos, mas contraditórios. Por um lado, crianças em idade pré-escolar discernem prontamente conexões – na verdade, estão sempre fazendo comparações. Uma banana é tratada como um telefone celular (embora o contrário raramente se observe, ao menos até este momento da história cultural!), um pau vira um cavalinho, linhas paralelas na estrada são chamadas de "listras de zebra", o passado do verbo *caber* supõe-se que seja *cabeu*. As comparações vão além de objetos ou ações isolados. Ouvindo uma marcha de John Philip

Sousa, uma criança de 5 anos poderá compará-la a uma viagem de trem; quando lhe é apresentado o conceito de separação de poderes no governo dos Estados Unidos, um estudante de 10 anos pode visualizá-lo como uma gangorra com três pontas, com cada uma delas subindo de uma vez, até que se restaure um equilíbrio.

Dada essa inclinação a conectar, não surpreende que os jovens tentem integrar ou sintetizar. O problema, claro, é que muitas dessas conexões acabam por mostrarem-se superficiais ou mesmo fundamentalmente equivocadas. O termo relatividade já foi aplicado ao cubismo de Picasso e à física de Einstein, mas nenhum dos fenômenos é esclarecido por esse acoplamento superficial. A palavra *cabeu* pode ser a generalização de uma regra, mas não é uma forma aceitável de passado. As gangorras (ou, pelo menos, as versões de duas pontas) podem tender em direção ao equilíbrio, mas os ramos do governo podem entrar em conflito ou ser subjugados. Na ausência de disciplinas relevantes e de uma métrica para avaliar a adequação, a tendência à "conexão" do ser humano é encantadora, mas nem um pouco suficiente. (Ken Wilber pode muito bem discordar!)

Durante o ensino médio, o impulso humano de conexão já foi subjugado ou restringido. Estudos sobre a capacidade metafórica indicam que as crianças em idade pré-escolar têm mais probabilidades do que as mais velhas de produzir metáforas – tanto as interessantes quanto as inadequadas. As de 6 anos ou mais tendem a corrigir. Em busca da conexão ou caracterização adequadas, recorrem a semelhanças literais, enquanto evitam as que possam acarretar conexões imprecisas ou ilegítimas. É claro que a capacidade de apreciar as conexões se mantém, mas, com a idade, a maioria dos indivíduos deixa de propor novas comparações. Apenas os poetas parecem inoculados contra a atenuação da tendência às metáforas.

Uma força ainda mais poderosa milita contra a integração. Como já observei várias vezes, os seres humanos acabam por ser criaturas bastante específicas em relação a contextos ou locais. Adquirimos ações, comportamentos, pensamentos, habilidades em uma situação, e podemos dominá-las. Entretanto, à medida que crescemos, a maior parte de nós torna-se conservadora (observo as exceções no próximo capítulo sobre mentes criativas). Mantemos aquelas características nos ambientes em que elas foram aprendidas e, talvez, as estendemos um pouco, mas temos aversão a aplicar habilidades ou conceitos de forma ampla, muito menos promíscua. Falando em termos mais gerais, a mente não é organizada como um computador que serve para todos os usos, sendo conceituada mais precisamente como um conjunto de módulos relativamente independentes. Como ou quando esses módulos devem se conectar permanece uma questão obscura para muitos teóricos da psicologia.

Esse conservadorismo pode ser útil, ou, pelo menos, natural, ao professor de disciplinas individuais, mas representa uma carga pesada àqueles que estimulariam o pensamento interdisciplinar ou a realização de sínteses poderosas e, ainda mais, de criações originais. Em suas aulas de redação, jovens podem aprender como escrever prosa competente, mas se não conseguirem transportar ao menos parte dessas lições pelo corredor que leva à aula de história ou aos trabalhos no laboratório de biologia, terão perdido uma oportunidade de vincular estratégias de composição. Os adolescentes podem ter contato com o raciocínio causal em suas aulas de física, mas se não tirarem lições sobre argumentação em aulas de história ou geometria, então essa forma de pensar terá que ser ensinada de novo. Os adultos na Empresa A podem interagir confortavelmente com os outros membros de sua equipe, e, ainda assim, ter grandes conflitos com membros da equipe da Empresa B, com a qual sua organização acaba de se fundir. É importante não perder de vista que, como espécie, evoluímos para sobreviver em diferentes nichos ecológicos e não para ter teorias corretas, para dominar disciplinas ou para transferir lições encontradas em um ambiente a outro. A criança pequena supergeneraliza; a mais velha prefere resistir a generalizações, mesmo quando elas são pertinentes.

A formação profissional só faz reforçar essas tendências. À medida que o jornalista aprende a transmitir a essência de uma história a um leitor leigo em 150 palavras, sua capacidade de elaborar reportagens mais longas ou de falar a especialistas com formação pode definhar. Ao se solicitar que colabore em um livro com um cientista ou historiador profissional, o jornalista pode ficar bastante frustrado. Ao aprender a diagnosticar doenças a partir de relatórios impressos em computador e ao testemunhar dezenas de mortes em uma emergência, o médico pode se tornar insensível ao sofrimento humano individual. Trabalhando em um caso complexo junto com um religioso ou um assistente social, o médico pode ter dificuldades de se comunicar com esses especialistas, e pode parecer distante aos membros da família do paciente. O engenheiro veterano que marca um golaço quando se pede que encontre um problema no circuito eletrônico pode chutar para fora quando tiver que resolver um conflito ou gerenciar um departamento.

Os indivíduos diferem muito em termos de sua predisposição a metaforizar e de sua capacidade ou inclinação a transferir lições de uma aula ou disciplina a outra. Aristóteles considerava a capacidade de criar metáforas competentes como um sinal de genialidade. O antropólogo Claude Lévi-Strauss contrasta o *bricoleur* – o faz-tudo que resolve um problema juntando o que quer que tenha à mão – com o cientista, cuja abordagem preferida é dedutiva. Em meu próprio trabalho, já fiz distinção entre essas duas posturas intelectuais. A inteligência do tipo *laser* penetra profundamente em um tópico, mas ignora oportunidades de polinização cruzada e talvez seja mais adequada para o trabalho disciplinar. A inteligência do tipo *holofote* pode não penetrar de maneira tão profunda, mas está sempre fazendo varreduras no ambiente e, portanto, pode ter mais agilidade para discernir conexões (e identificar diferenças) entre esferas. Ambos os tipos podem sintetizar, mas os conteúdos que sintetizam e os critérios para sucesso serão diferentes.

O romancista C. P. Snow escreveu de forma inspiradora sobre essas abordagens contrastantes. Investigando as ciências na década de 1920, identificou a biologia como sendo uma área em que uma mentalidade ampla e sintetizadora era adequada. Os mais valorizados eram os indivíduos capazes de levar em conta descobertas de muitas esferas e tecê-las em uma tapeçaria convincente. Porém, diz o autor, à medida que o conhecimento se acumula e a ciência em questão dá uma virada matemática, o período de síntese ampla chega ao fim. Como lamenta: "Em qualquer ciência menos completa do que a física, a mente mais geral ainda tem seus usos, ainda que a chance diminua a cada dia".[13] Dá-se grande valor a indivíduos que conseguem penetrar cada vez mais profundamente em uma área estreita de estudos e gerar respostas ou refutações definitivas. À medida que o conhecimento se acumula, o *laser* substitui o holofote.

Observei que dois tipos muito diferentes de indivíduos são atraídos ao trabalho interdisciplinar: os curiosos, bem-informados e inclinados a dar saltos bem-orientados e aqueles que rejeitam o pensamento ordenado e linear, sendo atraídos por saltos que podem ser extravagantes ou bagunçados. Essa distinção pode ser observada no local de trabalho, assim como na sala de aula. Alguns executivos têm o dom de assimilar enormes quantidades de informação, mas depois, como na frase feliz de John Gardner, "são incapazes de pôr ordem em suas mentes" e concentrar-se naquilo que é verdadeiramente importante.[14] Outros saltam de uma idéia malpassada para outra, não disciplinando nunca seu pensamento e deixando seus empregados e observadores externos cada vez mais confusos.

Pode-se até mesmo especular que as várias formas de inteligência gravitem rumo a diferentes formas de síntese. Com referência aos tipos de síntese mencionados anteriormente, talvez a mente lingüística favoreça uma história, a mente lógica, algum tipo de equação ou teoria, a espacial, um gráfico ou um esquema arquitetônico, a mente corporal sinestésica, algum tipo de equilíbrio entre forças opostas. Se for esse o caso, surge a questão sobre a possibilidade ou não de realizar uma síntese-mestre entre integrações de formatos diferentes – talvez por meio do autoconhecimento (em meus termos, por meio do exercício da inteligência intrapessoal). Se conseguisse chegar a essa "síntese das sínteses", nosso hipotético executivo reestruturador seria realmente afortunado.

O DESAFIO EDUCACIONAL

Pode-se desenvolver uma mente disciplinada ao mesmo tempo em que se mantém vivo o potencial para o pensamento sintético? Na verdade, a quantidade de conhecimento sintético sobre como cultivar uma mente sintetizadora – digamos, uma "síntese sobre sintetizar" – é, na melhor das hipóteses, modesta. De fato, se alguém dissesse: "A melhor coisa é colocar os jovens em contato com indivíduos de inclinação sintética, convidá-los a participar de esforços de síntese e lhes proporcionar avaliações regulares e úteis", eu teria que concordar que esta abordagem tem tantas chances de funcionar quanto qualquer outra.

Ainda assim, deveríamos ser capazes de ir além dessa orientação para "jogar os sintetizadores na banheira". Na verdade, em cada etapa do desenvolvimento, determinadas experiências e tarefas podem ajudar a induzir o pensamento sintético. Já observei a tendência forte, aliás, inelutável, das crianças a ver, fazer e até mesmo forçar conexões. Essa "perversidade polimorfa" cognitiva, por assim dizer, constitui um depósito valioso do banco intelectual da pessoa, um investimento que pode ser resgatado em muitos momentos e de muitas maneiras no futuro. Redes neurais diferenciadas estão sendo juntadas e mesmo se essas conexões ficarem submersas por um tempo, há muitas razões para crer que elas durarão e podem ser usadas no futuro. Celebre, não censure nem restrinja, as conexões realizadas sem esforço pela mente jovem.

Infelizmente, em circunstâncias comuns, a mente sintetizadora é capaz de pouca atenção formal durante os anos de escola. Inicialmente, a tarefa de adquirir as habilidades básicas assume papel central. Logo após, a aquisição de conhecimento disciplinar, ou, pelo menos, de conteúdo temático, passa a estar na ordem do dia. Provavelmente, a principal "nutrição sintetizadora" absorvida pela mente de alguém de 9 ou 14 anos vem do sintetizador adulto ocasional que ela encontra ou de apresentações na escola ou nos meios de comunicação de massa, que têm um sabor integrador. Leituras amplas, embora assumidamente indisciplinadas, de livros ou navegações na internet também podem se mostrar produtivas a longo prazo.

Já observei o papel cumprido nas escolas pelos trabalhos e currículos relacionados a temas específicos. São iniciativas bem-intencionadas para sustentar ou captar o potencial para se fazer conexões. O problema com essas intervenções pedagógicas é declarado prontamente. Na maioria dos casos, os educadores não conseguem invocar padrões explícitos ao avaliar *quais* conexões, *quais* integrações, *quais* sínteses são válidas e de que forma elas têm mérito (ou não). Para avaliar um projeto, devem-se invocar critérios que venham do domínio apropriado – o que torna um ensaio bom; um mural, impressionante; uma narrativa, contundente; uma marca, eficaz; um plano de negócios, viável – bem como critérios que sejam adequados ao(s) tema(s) do projeto: essa é uma descrição precisa da floresta tropical, um uso adequado do termo ritmo, um retrato culturalmente nuançado de um lar chinês ou chileno?

Uma identificação explícita dos elementos constitutivos de um bom projeto ou uma solução viável para um problema proporciona um bom ponto de partida. Neste caso, os modelos (bem-sucedidos e não) são essenciais. Apenas se o educador puder identificar as dimensões que caracterizam projetos ou soluções excelentes, adequados e inaceitáveis, será razoável esperar que os estudantes avancem para começar a realizar auto-avaliações nos momentos certos.

A instrução explícita sobre formas de síntese, como as que foram apresentadas no início deste capítulo, também pode ser pertinente. Alguns estudantes, profissionais ou executivos podem chegar, por conta própria, a metáforas, taxonomias ou conceitos felizes, mas muitos outros farão bom uso de dicas sobre como criar uma taxonomia útil, uma metáfora poderosa, um conceito esclarecedor, uma teoria irrefutável. As sínteses poderosas envolvem mesclas de roteiros, estruturas, conceitos que geralmente são tomados separadamente. Como foi demonstrado com relação à solução de problemas matemáticos, existe uma arte de criar misturas ou amálgamas poderosos. As pessoas que são capazes de gerar várias representações da mesma idéia ou conceito têm muito mais probabilidades de produzir sínteses potentes do que as que se limitam a uma única representação daquela idéia, muitas vezes atenuada. Hoje em dia, a instrução nessa linha acontece muitas vezes sob o rótulo de "metaconhecimento" – entender de forma explícita os elementos que compõem o conhecimento. Fazendo alusão a esse empreendimento relativamente novo, meu colega David Perkins fala, de forma persuasiva, das "artes do conhecimento".

Especialmente valiosas são as críticas que contribuem e dão apoio à síntese, à conexão ou à integração apresentadas pelo estudante. Durante os anos intermediários da infância, os educadores devem manter abertas as possibilidades de estabelecer conexões e honrar a pluralidade de conexões adequadas, ao mesmo tempo em que devem identificar as sínteses que são carentes ou falhas em uma ou outra dimensão. Com relação a praticamente qualquer problema ou projeto, há respostas mais ou menos adequadas. O contato com diferentes soluções, diferentes métodos de se chegar a soluções e diferentes categorias para avaliação dessas soluções é positivo para os estudantes. Essas intervenções não são, de forma alguma, restritas a crianças em idade escolar. Uma das razões pelas quais comparei as "breves histórias" de Bryson e Wilber foi para sugerir um conjunto de critérios a partir dos quais sínteses experimentais possam ser avaliadas.

Por fim, aspirantes a sintetizadores têm a ganhar com a instrução explícita sobre estratégias. Quando as pessoas já tiveram alguma experiência em sintetizar, elas devem ser capazes de recuar e identificar os principais componentes: um determinado objetivo ou missão, a postura que o sintetizador irá assumir, o conjunto de ferramentas disponível para sintetizar, as formas nas quais produzir e obter avaliação sobre esboços preliminares e os critérios específicos a partir dos quais o sucesso provavelmente será avaliado.

Como acredito que os médicos deveriam, pelo menos ocasionalmente, curar a si próprios, permitam-me aplicar essa receita a este capítulo. Meu propósito foi o de sintetizar o conhecimento sobre a síntese, para informar aos aspirantes a sintetizadores. A postura foi expositiva – uma análise sociocientífica de por que a síntese é importante, junto com propostas sobre os tipos de processos cognitivos e motivacionais implicados em sua realização.

Falei de educadores, de profissionais e dos envolvidos no mundo empresarial. As ferramentas foram um conjunto de listas, guarnecidas com exemplos tirados de campos diferenciados. Foram oferecidos exemplos de sínteses mais ou menos bem-sucedidas. Os critérios para o sucesso devem ser fornecidos por você, o consumidor da síntese. Eu esperaria que uma "síntese das sínteses" que valha a pena fosse clara, pelo menos minimamente original, razoavelmente convincente e potencialmente útil.

Até aqui, os exemplos que apresentei poderiam ter sido buscados em qualquer época nos últimos séculos. Surge uma questão sobre até onde as ferramentas tecnológicas darão suporte aos esforços de síntese no futuro. Já há mecanismos de busca amplamente utilizados que possibilitam ao usuário acompanhar vários tópicos e ver como eles foram relacionados entre si. Em trabalhos, há notas que permitem que se consulte as próprias anotações e idéias anteriores para ver como elas evoluíram com o passar do tempo.[15] Se se podem explicitar os passos exatos envolvidos na síntese, deveria se tornar possível criar programas de computador que executem esse processo tão bem ou melhor do que a maioria de nós. Entretanto, eu não poria muita expectativa em dispositivos computacionais que realizem o que Kant ou Da Vinci fizeram usando apenas um instrumento para escrever e suas inteligências consideráveis.

Os formuladores de testes estão começando a explorar as capacidades de síntese. Em um paradigma usado para candidatos a professor na França, o candidato testado tinha a oportunidade de estudar quatro passagens sobre um tema (digamos, a transição histórica da oralidade à escrita). A seguir, pedia-se que apresentasse um resumo sucinto de pontos de concordância e discordância nos textos, propondo métodos de instrução. Em um protótipo que está sendo desenvolvido pelo *Educational Testing Service*, os alunos recebem uma série de fontes relacionadas a um produto (por exemplo, ferramentas desenvolvidas para ser usadas por arquitetos canhotos) e pede-se que resumam os dados, avaliem as fontes e apresentem uma classificação de sua confiabilidade. Em um instrumento análogo em desenvolvimento no Council for Aid to Education, os candidatos recebem um conjunto de documentos sobre criminalidade em um dado país e devem preparar um informe para um candidato a prefeito. Embora sejam movidas mais por considerações empíricas do que por qualquer teoria da síntese, essas tentativas devem fornecer informações úteis àqueles de nós que gostariam de melhor entender os processos em que os seres humanos sintetizam a informação para nós mesmos e para outros; caso tais tentativas revelem-se preditivas, poderão vir a ser usadas por encarregados de admissão, executivos, recrutadores e especialistas em recursos humanos.

MULTIPERSPECTIVISMO: UM PASSO INTERMEDIÁRIO

Durante algum tempo, sustentei que um verdadeiro trabalho interdisciplinar deveria vir depois do domínio do trabalho disciplinar. Na corrida do ouro interdisciplinar, corre-se o risco de integrações prematuras e, de fato, não-disciplinadas. Dada a crescente importância do trabalho interdisciplinar, contudo, e as pressões atuais para estimulá-lo – pelo menos em nível retórico – os educadores precisam certificar-se de que, se for para fazer, que seja feito da melhor maneira possível.

Neste contexto, considero útil o conceito de *multiperspectivismo*. Embora o termo possa soar estranho, a idéia parece estar bem-definida. Uma abordagem multiperspectivista reconhece que diferentes perspectivas analíticas podem contribuir para elucidar uma questão ou um problema. Embora o domínio disciplinar integral possa ser um objetivo inatingível, os indivíduos de quase todas as idades e especializações têm potencial razoável para apreciar os pontos fortes complementares de diferentes perspectivas.

Tomemos, por exemplo, uma disciplina sobre nazismo no ensino médio. Não se pode esperar que os estudantes tenham uma postura disciplinar em termos de ciências ou história. Nem o conhecimento disciplinar nem as ferramentas disciplinares terão sido consolidadas. Mesmo assim, esses estudantes provavelmente irão adquirir uma melhor compreensão da ascensão do nazismo se puderem examinar as diversas perspectivas que podem ser assumidas: a explicação genética das diferenças entre populações, junto com as várias afirmações pseudocientíficas feitas pelo eugenistas; a explicação histórica dos aspectos que há muito se desenvolviam e criaram um terreno fértil para crenças e práticas nazistas, bem como fatores contingentes que levaram à tomada surpreendente, em grande parte dentro da lei, do aparato de governo alemão por parte dos nazistas na década de 1930.

Entra o multiperspectivismo. O processo começa com um aluno ouvindo ou acompanhando perspectivas discrepantes, como a do historiador e do geneticista, enquanto cada um tenta explicar aspectos do nazismo. Nas fases seguintes, o aluno inicialmente é capaz de fazer perguntas pertinentes aos especialistas; a seguir, de entender suas respostas e, ao final, de apresentar as respostas (ou, ao menos, os tipos de respostas) que poderiam ser formuladas, respectivamente, por um historiador e por um geneticista. Claro que um aluno do ensino médio raramente consegue contribuir com conhecimento original de tipo científico ou histórico, mas, como alguém que começa a apreciar os respectivos pontos fortes de duas ou mais perspectivas, ele está em posição muito mais forte para integrar ou sintetizar essas linhas de saber.

A postura do multiperspectivismo mostra-se especialmente esclarecedora no local de trabalho. Não é razoável esperar que, colocados juntos por algum tempo, médicos, enfermeiros, terapeutas e assistentes sociais sejam totalmente capazes de dominar o conhecimento das outras funções profissionais. Lembre-se da regra dos 10 anos! Na mesma linha, não é razoável esperar que, dentro de um contexto empresarial, todo o pessoal de vendas, *marketing*, criação, finanças e gestão deva ser capaz de falar instantaneamente a mesma língua, mas se fazem esforços para desenvolver um *pidgin*, e se cada profissional aprender, pelo menos, a antecipar as preocupações de colegas com formação diferente, aumenta a perspectiva de trabalho coletivo produtivo e direcionado a objetivos.

Até aqui, falei de multiperspectivismo em termos de origens disciplinares complementares, mas os indivíduos também trazem perspectivas não-disciplinares para a mesa. Muitos projetos são aprimorados quando as pessoas de diferentes origens econômicas, sociais, étnicas e/ou raciais arregaçam as mangas e trabalham juntas para encontrar soluções. Pesquisas documentam que a oportunidade de trabalhar junto com indivíduos de origens bastante diferentes é um dos grandes benefícios da vivência nas melhores faculdades.[16] Obviamente, esse encontro às vezes gera conflitos. Dependendo de como são tratados, esses conflitos podem ser produtivos... ou podem ser desastrosos.

E o que dizer do pensamento genuinamente interdisciplinar? Considero uma conquista relativamente rara quando alguém pretende dominar pelo menos os componentes centrais de duas ou mais disciplinas. Em quase todos os casos, esse tipo de conquista é improvável antes da pessoa ter completado estudos avançados. Mesmo assim, dada a importância de questões que demandam trabalho interdisciplinar, muitos esforços serão dedicados nos próximos anos a cultivar a mente interdisciplinar e a delinear experiências na escola ou no local de trabalho, que, pelo menos, transmitam o poder do pensamento interdisciplinar. A disciplina de Teoria do Conhecimento, oferecida no último ano do Bacharelado Internacional da International Baccalaureate Organization, representa uma iniciativa promissora nesse sentido. Diplomas avançados conjuntos, em jornalismo e direito, ou em medicina e gestão, representam outros modelos potencialmente instrutivos.

CAMINHOS DA SÍNTESE?

No passado distante, uma mente sintetizadora abrangente parecia estar dentro das possibilidades. O conhecimento acumulava-se de forma muito mais gradual. Sábios como Aristóteles e Da Vinci tinham ao menos uma idéia geral do panorama completo do conhecimento. (O educador, estudioso e poeta inglês do século XIX Matthew Arnold foi apontado como o último indivíduo a dominar todo o conhecimento existente, em outras palavras, "a saber tudo o que vale a pena saber".) Embora houvesse pouca instrução formal de capacidades de síntese, o regime de graduação nas disciplinas acadêmicas gerais (línguas, literatura, história, filosofia, matemática e ciências) e o último ano da faculdade, quando uma disciplina de fechamento era ministrada pelo reitor, eram considerados como períodos durante os quais as pessoas eram estimuladas a encontrar várias conexões entre os fragmentos de conhecimento que haviam acumulado. Talvez a *consiliência* (*consilience*) – a unidade de todo o conhecimento científico – sobre a qual escreveu de forma admirável o biólogo E. O. Wilson, esteja vindo para substituir o papel um dia cumprido pelos estudos filosóficos.[17]

Entretanto, vivemos em uma época em que nossas mentes talentosas sabem mais e mais sobre esferas cada vez mais restritas. A divisão de trabalho observada por Adam Smith no mercado do comércio também varreu o mercado das idéias e não há razão para esperar que o movimento em direção à especialização venha a ser contido, ou mesmo que seja uma boa idéia frear esse aumento da exploração disciplinar *"laser"*.

Identifico dois antídotos básicos. Um deles envolve a formação do espectro de indivíduos para que possam participar efetivamente de grupos interdisciplinares. Meu esboço da perspectiva multidisciplinar, ou multiperspectivista, é um modelo possível. Certamente, instituições educacionais poderiam fazer experiências com estruturas e processos que estimulem o entendimento e a cooperação entre mestres de diferentes disciplinas. Eu não me surpreenderia de saber que existe no mercado um programa de computador que aprimore as capacidades de síntese, embora eu pedisse garantia de devolução do dinheiro em caso de não-funcionamento.

O segundo antídoto implica a criação de programas educacionais especificamente direcionados a determinados indivíduos promissores – por exemplos, futuros líderes. Espera-se que executivos e gerentes gerais tenham uma visão do quadro geral, ou seja, olhem além de sua própria formação e especialização, entendam os vários componentes em sua organização e composição, reflitam sistematicamente sobre o que está funcionando, o que não está e como se podem atingir os objetivos de forma mais eficaz. Programas que aprimorem suas capacidades de síntese – e que gerem síntese e estratégia – seriam valiosos e se pode esperar que várias empresas de consultoria venham a oferecer esse menu de opções. Outros indivíduos – por exemplo, aqueles que tenham inteligência do tipo "holofote" ou *bricoleur* – também podem ser atraídos por esse tipo de programa, podendo fazer uso de suas capacidades aprimoradas mesmo não ocupando posições de liderança explícita. Talvez, como sugeriu o educador Vartan Gregorian, precisemos de uma especialização para ser generalistas.[18] Tal especialização visaria a candidatos promissores e dedicaria recursos para a melhoria das capacidades de síntese.

Contudo, é provável que nenhuma dessas intervenções seja eficaz, a menos que prevaleçam duas condições. Por um lado, precisamos de modelos de referência – indivíduos que sejam, eles próprios, talentosos em termos de multiperspectivismo, interdisciplinaridade e/ou síntese. Nos últimos anos, Jacob Bronowski, Stephen Jay Gould e E. O. Wilson cumpriram esse papel com elegância na biologia; na esfera do gerenciamento, Andy Grove na Intel, John Browne na BP, John Reed na Citicorp e Bill Gates na Microsoft são citados com freqüência como exemplos de pessoas com amplos conhecimentos e capacidades admiráveis de síntese e integração. Bill Clinton, um excelente sintetizador, refletiu recentemente sobre essa capacidade: "Acho que o intelecto é uma coisa boa, a menos que paralise a capacidade de tomar decisões porque se enxerga complexidade demais. Os presidentes precisam ter o que chamo de inteligência sintetizadora".[19]

Entretanto, junto com modelos exemplares, também precisamos de critérios que estabeleçam as diferenças entre integrações excelentes, satisfatórias e impróprias, e temos que aceitar que esses critérios são específicos de cada missão ou tópico. O que se considera uma boa síntese em biologia evolutiva pode ser muito diferente de uma integração apropriada para as artes ou o comércio. Uma síntese adequada para determinar os limites da teoria da complexidade pode ter pouca semelhança com uma síntese adequada para tratar da erradicação da pobreza ou do controle da epidemia de AIDS.

Algumas sínteses serão diretas, outras envolverão algum tipo de amplitude, talvez as mais preciosas envolvam um salto criativo. É ao cultivo da mente criativa que nos voltamos agora.

NOTAS

1 Comentários de Severs a partir de comunicação pessoal, 29 de Agosto de 2006.
2 Gerald Holton, *Thematic Origins of Scientific Thought* (Cambridge, MA: Harvard University Press, 1988).
3 Clayton Christensen, *The Innovator's Dilemma* (New York: Harper Business, 1997). (Clayton Christensen, *O Dilema da Inovação: Quando novas tecnologias levam empresas ao fracasso*. São Paulo: Makron Books, 2001.)
4 Jim Collins, *Good to Great and the Social Sectors* (Boulder, CO: Jim Collins, 2005).
5 Peter Galison, *Einstein's Clocks, Poincaré's Maps: Empires of Time* (New York: Norton, 2004).
6 Bill Bryson, *A Short History of Nearly Everything* (New York: Broadway, 2003), 1. (Bill Bryson, *Breve história de quase tudo*. São Paulo: Companhia das Letras, 2005.)
7 Ibid., 476.
8 Ken Wilber, *A Brief History of Everything* (Boston: Shambhala, 1996), 16.
9 Ken Wilber, *The Essential Ken Wilber* (Boston: Shambhala, 1998), 7.
10 Wilber, *A Brief History of Everything*, 42.
11 Ibid., 72–73.
12 Wilber, *The Essential Ken Wilber*, 113.
13 C. P. Snow, *The Search* (London: Penguin, 1950), 243.
14 John Gardner (1912–2002) foi um excelente funcionário público norte-americano. Não tínhamos qualquer grau de parentesco.
15 Steven Johnson, "Tool for Thought", *New York Times Book Review*, 30 de janeiro de 2005, trabalho concluído.
16 Richard Light, *Making the Most of College* (Cambridge, MA: Harvard University Press, 2001).
17 Edward O. Wilson, *Consilience* (New York: Knopf, 1998).
18 Vartan Gregorian, "Colleges Must Reconstruct the Unity of Knowledge", Chronicle of Higher Education, 4 de junho de 2004, B-12.
19 Citado em David Remnick, "The Wanderer", *The New Yorker*, 18 de setembro de 2006, 65.

4
A mente criadora

Em nossa sociedade global, conectada, a criatividade é buscada, cultivada, valorizada. O visionário do mundo empresarial John Seely Brown disse, com presença de espírito, que, no mundo de amanhã, as pessoas dirão: "Crio, logo, existo". Quando dou palestras sobre inteligência, costumam me perguntar como se pode cultivar a criatividade. Os públicos esperam que eu venha a defender totalmente a criatividade e revele (definitivamente e sem cobrar!) o segredo de sua aquisição.

Nem sempre foi assim. Na maioria das sociedades, durante grande parte da história humana, a criatividade não foi buscada nem recompensada. Assim como os seres humanos têm uma tendência conservadora que milita contra a inovação educacional e os grandes saltos interdisciplinares, as sociedades humanas também se esforçam para manter sua forma atual. Ficamos impressionados com as realizações da sociedade do antigo Egito, mas nos esquecemos, convenientemente, de que a sociedade evoluiu em ritmo muito lento. Homenageamos cientistas como Galileu Galilei, mas é necessário que nos lembremos de que ele foi denunciado e aprisionado, e que Giordano Bruno, seu predecessor científico, foi morto na fogueira. Nem Johann Sebastian Bach, nem Vincent van Gogh, nem Gregor Mendel receberam muita apreciação em vida e Freud, Darwin e Keynes receberam sua parcela de ridicularização (mais do que uma parcela, eles insistem!).

No passado, indivíduos criativos em uma sociedade eram, na melhor das hipóteses, uma benção confusa – desdenhados, desestimulados, até mesmo destruídos na época de suas grandes descobertas, possivelmente para ser celebrados pela posteridade. Nosso tempo é diferente. Quase qualquer tarefa que possa ser transformada em rotina o será, provavelmente mais cedo do que mais tarde. (Talvez, dentro de 50 anos, um livro como este seja escrito, e, talvez, também lido, por prazer ou auto-aprimoramento, por um computador quântico.) Praticamente todas as inovações podem ser comunicadas quase que instantaneamente ao mundo todo, disponíveis para ser trabalhadas por qualquer um que disponha da compreensão, da motivação e das habilidades disciplinares necessárias. E, embora a maioria das inovações venha a ter uma meia-vida curta, aquelas que tratarem de uma necessidade urgente ou responderem a um ardor verdadeiro irão se difundir muito rapidamente e durarão muito. No domínio tecnológico, pense no sucesso rápido do telefone, do automóvel, do avião e, em anos mais recentes, do computador pessoal, do *video game*, da internet, do telefone celular, do iPod, do BlackBerry. Pense, também, no surgimento das lojas de *fast-food*, na difusão dos tênis de moda, na veneração de estrelas *pop* como Elvis ou Madonna, Brad ou Angelina (os sobrenomes não são necessários). As empresas que não abraçarem a inovação serão quase que inevitavelmente tiradas de cena pelas que o fizerem. Na verdade, a atenção insuficiente à inovação pode ser a principal razão pela qual muitas empresas importantes nos Estados Unidos de 50 anos atrás (como Sears Roebuck, American Motors, Pan American Airlines, Westinghouse) definharam ou simplesmente deixaram de existir.

A CRIATIVIDADE RECONCEITUADA

Vista de forma mais ampla, a criação é parte do tecido do mundo. Embora muitos de nós não acreditem mais literalmente na história bíblica da criação, reconhecemos que o mundo é povoado por criaturas vivas e criações vivas, cada uma delas um pouco diferente do resto. Por definição, todos os artefatos humanos são inicialmente criados por alguém. Esteja-se pensando em entidades biológicas, artefactuais ou conceituais, os "mutantes" mais atrativos provavelmente sobreviverão e se propagarão.

As primeiras visões de criatividade enfatizavam o papel do divino ou da casualidade. Os que formularam teorias da criação favoreceram a visão de que determinados indivíduos foram tocados pela inspiração misteriosa, embora iconoclastas ocasionais (como o poeta norte-americano Edgar Allan Poe) afirmassem que a criação humana acontecia segundo uma fórmula estrita, explicável e lógica. Dentro da psicologia, as visões da criatividade tendiam a seguir as visões da inteligência – com um atraso de cerca de 50 anos. Até recentemente, a criatividade era vista pelos psicólogos como um traço de determinados indivíduos. Como tal, deveria ser passível de medição através de testes escritos, e um indivíduo considerado "criativo" deveria ser capaz de demonstrar esse traço em diversos domínios de desempenho. No item prototípico de um teste de criatividade, os sujeitos deveriam pensar em quantos usos conseguissem para um clipe de papel, dar um título imaginativo a um rabisco ou escolher o alvo que pudesse ser associado com duas palavras fornecidas (rato-leite: ambas podem ser relacionadas a queijo). Acreditava-se que a contagem final recebida nessa medida refletia o potencial criativo em qualquer domínio de conhecimento.

Essa forma de pensar sobre criatividade migrou para o mundo empresarial. Talvez o principal guru tenha sido Edward de Bono, o polímata de Malta, que insistiu na importância do *pensamento lateral*, ou seja, a capacidade de alterar estruturas, assumir papéis diferentes, produzir uma gama de soluções engenhosas para um dilema perturbador.[1] O autor merece crédito por destacar a importância de se pensar sobre o pensamento – "metapensamento", por assim dizer – e por produzir uma série de problemas intrigantes e soluções pouco convencionais. Contudo, sua perspectiva da criatividade como capacidade generalizável que pode ser aumentada rapidamente tem suas limitações.

Da mesma forma, nos últimos anos, uma série de cientistas sociais adotou um ponto de vista diferente. Para começar, reconhecemos uma variedade de empreendimentos criativos relativamente independentes. Um criador consegue resolver um problema até então inquietante (como a estrutura do DNA), formular um novo enigma ou teoria (como a teoria de cordas na física), realizar uma obra em um gênero ou realizar batalhas reais ou simuladas *on line* (decidir comprar ou vender uma ação volátil). O binário problema-solução representa apenas um tipo de pensamento criativo. Além disso, a habilidade em uma variedade não implica habilidade em outros empreendimentos criativos. (Um matemático criativo pode ser um péssimo debatedor, ou vice-versa.) Também reconhecemos uma série de conquistas criativas, do *c* minúsculo envolvido em um novo arranjo floral ao *C* maiúsculo implicado na teoria da relatividade. E, mais importante, não pressupomos que uma pessoa criativa em um domínio (digamos, Wolfgang Amadeus Mozart ou Virginia Woolf) pudesse ter trocado de lugar com uma pessoa criativa em outro (como Diego Velasquez ou Marie Curie). Cada uma dessas premissas colide com a criatividade multiuso proposta pela psicologia padrão e popularizada por Edward de Bono.

Uma idéia mais importante, atribuída ao psicólogo Mihaly Csikszentmihalyi, é a compreensão de que a criatividade nunca é simplesmente a realização de um indivíduo solitário ou mesmo de um grupo pequeno. Em lugar disso, a criatividade é o emergente ocasional da interação entre três elementos autônomos:

1. O *indivíduo* que dominou alguma disciplina ou campo de prática e está sempre criando variações nesse campo (como o historiador escrevendo uma série de ensaios de história, um compositor publicando partituras musicais, um engenheiro de *software* escrevendo programas e coisas do tipo).
2. A *esfera* cultural na qual um indivíduo está trabalhando, com seus modelos, prescrições e proscrições (as especificações para um artigo acadêmico, uma partitura musical, um programa em HTML ou Flash).

3. O *campo* social – indivíduos e instituições que proporcionam experiências educacionais relevantes, bem como oportunidades de desempenhá-las. Os representantes do campo acabam por julgar o mérito do indivíduo e/ou de sua(s) propostas de criação (entre eles, os encarregados de admissão, juízes de competições, responsáveis por patentes, autores de livros-texto e enciclopédias e editores que permitem ou barram a publicação). É claro que, no mundo do comércio, o campo último é o consumidor.[2]

Segundo Csikszentmihalyi, a criatividade ocorre quando – e somente quando – um produto individual ou coletivo gerado em uma determinada esfera é reconhecido como inovador pelo campo em questão e, por sua vez, mais cedo ou mais tarde, exerce uma influência verdadeira e detectável em trabalhos posteriores nessa esfera. Essa perspectiva aplica-se a todo o leque de criações, entre diferentes esferas e em vários graus de inovação (do *c* minúsculo ao *C* maiúsculo). Por exemplo, em 1900, uma série de físicos e matemáticos de destaque lutava para resolver questões relacionadas à natureza da luz, da gravidade, do tempo e do espaço. Cada mestre de disciplina estava apresentando formulações teóricas e conjecturas empíricas. Trabalhando em relativo isolamento, um funcionário de patentes chamado Albert Einstein escreveu diversos artigos inovadores. Entretanto, até o mérito desses artigos ser reconhecido por editores e outros colegas informados, não foi possível dizer se o trabalho de Einstein era simplesmente atípico ou verdadeiramente importante. A mesma história pode ser contada sobre as obras de James Joyce, as pinturas de Pablo Picasso, as estratégias de gestão desenvolvidas por Alfred P. Sloan, Michael Porter e Peter Drucker, as composições musicais de Richard Wagner, Duke Ellington e John Lennon, as teorias econômicas de John Maynard Keynes e Milton Friedman. Na verdade, o teste final da criatividade é descrito de forma simples: o domínio no qual você opera foi alterado significativamente por sua contribuição? A boa notícia: como não há prescrição, você nunca sabe definitivamente se *não* foi criativo!

DA COMPUTAÇÃO AO CARÁTER

Claramente, o aspirante a criador necessita de um suprimento generoso de inteligência(s), habilidade e disciplina. Shakespeare era um gênio da língua e igualmente brilhante em sua compreensão da condição humana. A trajetória de crescimento, desde suas primeiras obras até suas peças mais maduras, é impressionante. Ainda assim, essa trajetória cobre um período de 20 anos.

Mozart tinha dons musicais impressionantes desde que era uma criança pequena. Mesmo assim, os trabalhos de sua primeira década de composições (até os 15 anos!) são, em sua maioria, curiosidades. Mas, no final da adolescência, ele já havia se tornado um compositor de primeira classe. John Maynard Keynes foi reconhecido cedo por sua mente prodigiosa, mas não publicou sua obra-prima, *Teoria geral do emprego, do juro e da moeda*, até pouco depois dos 50 anos.[3]

Contudo, para cada escritor ou compositor talentoso cujas criações são inovadoras, centenas estão contentes – ou resignados – em ser "meros" especialistas. Um especialista é um indivíduo que, após uma década ou mais de formação, atingiu o apogeu da prática atual na esfera que escolheu. O mundo depende dos especialistas e, na verdade, quando se trata de cirurgia, de pilotar aviões ou de contabilidade, é bom consultarmos um especialista e desconfiar do inovador.

Então, no que o criador diferencia-se do especialista? Em minha visão, a diferença não é principalmente cognitiva, pelo menos não no sentido usual do termo. Testados em seu domínio de um campo, ambos deveriam ter desempenhos igualmente bons. (Em seu tempo, poucos acreditavam que Mozart fosse um compositor mais talentoso do que Karl Ditters von Dittersdorf ou do que o mais infame – ainda que menos eufônico – Antonio Salieri.) Curiosamente, os prodígios em uma esfera raramente acabam sendo criadores. Desde muito pequenos, os prodígios são recompensados por fazer exatamente o que os adultos em seu campo estavam fazendo, de forma que é necessário refazer a si mesmo – em uma brusca mudança de objetivos, orientação e motivação – para partir em direções novas e inexploradas. De Camille Saint-Saëns, um prodígio musical já com idade, que nunca realizou completamente sua promessa inicial, foi dito espirituosamente: "Ele tem tudo, mas falta-lhe inexperiência".

O criador destaca-se em termos de temperamento, personalidade e postura, estando eternamente insatisfeito com seu trabalho, seus padrões, suas questões, suas respostas. Lança-se em direções desconhecidas e desfruta – ou, pelo menos, aceita – ser diferente do pacote. Quando surge uma anomalia (um acorde musical inédito, um resultado experimental inesperado, um pico ou uma queda na venda de mercadorias em território desconhecido), ele não se intimida com o problema inesperado; na verdade, quer entendê-lo e determinar se constitui um erro trivial, uma sorte irrepetível ou uma verdade importante, porém ainda desconhecida. Ele tem pele resistente e compleição robusta. Há uma razão pela qual tantos criadores famosos detestavam a escola ou a abandonaram: eles não gostavam de dançar conforme a música de outra pessoa (e, por sua vez, as autoridades não gostavam de seu ritmo idiossincrático).

Todos nós falhamos e, por serem ousados e ambiciosos, os criadores falham com mais freqüência e, muitas vezes, de forma mais dramática. Apenas uma pessoa que esteja disposta a se levantar e "tentar de novo" tem chances de forjar realizações criativas e, mesmo quando uma realização foi endossada pelo campo, o criador prototípico raramente descansa sobre seus louros; em lugar disso, continua avançando por um caminho longo e inexplorado, totalmente pronto para arriscar o fracasso mais e mais vezes, em troca da oportunidade de deixar mais uma marca, diferente. A atividade criativa carrega uma boa cota de dores de cabeça, mas o fluxo que acompanha uma descoberta, uma obra revolucionária ou uma invenção genuína pode viciar.

EDUCANDO O CRIADOR EM TODAS AS FAIXAS ETÁRIAS

A partir dessas formulações, segue-se um regime educacional, que se desvia da trajetória da abordagem disciplinar, embora tenha semelhanças com o surgimento do sintetizador. Um indivíduo em uma via estritamente disciplinar domina as habilidades fundamentais. Assim que for possível, dá início a um domínio regular e sistemático de disciplinas como matemática, ciências e história. Supostamente, ele se tornará um especialista dentro de um prazo curto (leia-se: uma década), mas uma adesão tão estrita a uma via disciplinar opera contra as posturas mais abertas do sintetizador ou do criador. As opções precisam ser mantidas – uma trajetória reta é menos eficaz do que uma que implique vários caminhos secundários e mesmo alguns becos sem saída, decepcionantes, mas instrutivos.

Há um grupo etário cujos membros precisam de pouca pressão para assumir a postura criativa: as crianças pequenas abaixo da idade de educação formal. Tendo um ambiente que conte até mesmo com um apoio modesto, elas não apenas são intrigadas por uma ampla gama de fenômenos, experiências, tópicos e questões, como também persistem na exploração, mesmo na ausência de estimulação ou, menos importante ainda, de recompensas materiais. Poucas são as crianças que não se sentem estimuladas com um passeio a uma feira de atrações, um parque de diversões ou um museu infantil. Sua atitude lúdica, sua curiosidade e seus poderes imaginativos são palpáveis. A mente de uma criança de 5 anos representa, em um sentido, o ponto máximo dos poderes criativos.

Assim sendo, o desafio do educador é manter vivas a mente e a sensibilidade das crianças pequenas. Artistas e cientistas sempre souberam disso. Pablo Picasso fez uma declaração famosa: "Eu costumava desenhar como Rafael; levei toda a vida para aprender a desenhar como uma criança".[4] Com igual convicção (e soando igualmente bem), Isaac Newton refletiu: "Para mim, eu pareço ter sido apenas como um menino, brincando na beira do mar e me distraindo de vez em quando ao achar uma pedrinha mais lisa ou uma concha mais bonita do que o normal, enquanto o grande oceano da verdade se estendia diante mim, sem ser descoberto".

Mas como se pode reter a sensibilidade de criança – o que os embriologistas chamam de *neotenia* – durante a vida? Muito depende das mensagens que houver do lado de fora dos muros da escola e, também, dentro das salas de aula que servem à massa de crianças. Essa questão me foi trazida de forma contundente durante a década de 1980, quando fiz uma série de viagens à China e visitei dezenas de salas de aula em várias cidades.[5] Na época, a China ainda estava traumatizada pela desastrosa Revolução Cultural (1966–1976), e um medo considerável afligia a população comum. Em praticamente todas as áreas de competência, os professores agarravam-se a uma noção deprimente e limitadora de aluno excelente. Desde muito cedo, o comportamento das crianças pequenas era moldado estritamente por um caminho projetado para render o calígrafo, o músico, o bailarino, o matemático especializado e assim por diante. Desvios do protótipo disciplinar eram fortemente desestimulados – a aprendizagem livre de erros, passo a passo, era a rota preferida. Em uma sociedade como a chinesa ao redor dos anos de 1980, eram raros os modelos e as experiências de tipo mais aberto e criativo. Sendo assim, falando a colegas chineses, eu teria estimulado – na verdade, o fiz – um regime caracterizado pela investigação, por problemas desafiadores e pela tolerância a erros produtivos, se não pelo estímulo ativo a eles.

Na época, a China e os Estados Unidos representavam pólos opostos. Na rua, mensagens de criatividade eram abundantes nos Estados Unidos dos agitados anos de 1980 – nos negócios, na mídia, na tecnologia, na arte. Todo mundo queria ser criativo: muitas pessoas acreditavam que eram criativas, ainda que mal tivessem começado a dominar um campo e ainda que nenhum especialista no campo as tivesse considerado criativas. Nas escolas (e em atividades extraclasse), a necessidade urgente era de domínio verdadeiro de uma disciplina reconhecida: não apenas não havia necessidade de os professores levantarem a bandeira da criatividade, como poderia ser até contraproducente fazê-lo. Somente afiando uma disciplina é que surgiriam as opções verdadeiramente criativas.

Hoje em dia, é claro, China e Estados Unidos aproximaram-se e ambos estão mais representativos dos padrões encontrados no resto do planeta. Há vários modelos de criatividade nas ruas das principais cidades chinesas (para não mencionar os *links* da internet que constantemente desafiam os censores); além disso, devido à influência de sociedades economicamente bem-sucedidas no leste da Ásia, o currículo tornou-se um pouco mais receptivo às artes, à possibilidade de escolha, à colocação de perguntas abertas e à aceitação de diversas respostas a essas perguntas. (Observe, contudo, que o pêndulo sinológico da permissividade continua a oscilar, como tem sido durante séculos.)

Em comparação, nos Estados Unidos do início do século XXI, as mensagens em defesa da criatividade persistem nas ruas, mas as escolas deram uma virada bastante conservadora. O país inclinou-se em direção a currículos, provas e padrões uniformes, enquanto a educação de matiz progressista (a que eu, pessoalmente, sou favorável) está na defensiva.

Portanto, pode-se apresentar uma fórmula genérica para o cultivo de mentes criadoras nas primeiras décadas de vida. Seguindo-se a um período de exploração aberta e desimpedida na primeira infância, é adequado dominar as habilidades básicas e as disciplinas. Entretanto, mesmo durante períodos em que se realizam exercícios mais mecânicos, é fundamental manter abertas possibilidades alternativas e trazer para o primeiro plano a opção de exploração aberta. Comportas de criatividade podem ser mantidas por meio da exibição de soluções viáveis e diferentes a um único problema apresentado; o do contato dos jovens com pessoas criativas e atrativas que dêem exemplos da abordagem e das experiências da vida criativa; e da introdução de novas atividades que estejam situadas fora da rotina acadêmica, recompensem a inovação e tenham um olhar benigno sobre os erros. (Como disse a guru da Internet Esther Dyson: "Cometam *novos* erros!".) Mais concretamente, nos anos intermediários da infância, os pais devem se certificar de que seus filhos busquem passatempos ou atividades que não tenham uma única resposta certa. Os professores devem ilustrar as várias formas nas quais um determinado problema de matemática pode ser resolvido adequadamente ou uma passagem literária pode ser interpretada. Devem facilitar visitas à sala de aula por arte de inventores e artistas carismáticos que tenham seguido seus próprios caminhos com sucesso. Devem estimular os jovens a brincar com jogos oriundos de outras culturas ou inventar novos jogos quando brincam ou quando estão no computador.

Como indiquei em minha discussão sobre a mente sintetizadora, é vantajoso desenvolver representações múltiplas e diversificadas da mesma entidade – seja ela a multiplicação aritmética, a natureza da revolução política, o atual panorama competitivo no negócio em que se está envolvido, a topografia da própria cidade natal, os contornos de nossa vida. Essas múltiplas representações são uma base para novas formas de pensar sobre uma entidade, problema ou questão, pois catalisam questões criativas e geram soluções criativas. Imagine o quanto é mais provável que uma criança de 10 anos ganhe dinheiro em seu bairro se pensar em uma série de necessidades, produtos e formas de troca.

À medida que entram na adolescência, os estudante tornam-se capazes de visualizar possibilidades bastante diferentes de suas atuais realidades, e podem, na verdade, invertê-las. (Não estou me referindo a devorar a série *Harry Potter*, e sim à capacidade de apreciar como algumas questões da sociedade de que se é membro, por exemplo, o sistema jurídico, poderiam ser fundamentalmente transformadas.) Especialmente naqueles cenários em que esse tipo de visualização tenha sido estimulado, os mais velhos têm responsabilidade de apresentar casos e sistemas que operem segundo regras diferentes, como utopias, distopias, sistemas numéricos alternativos, relatos históricos contrafactuais, sistemas econômicos conflitantes e coisas do tipo. A partir daí, a mente adolescente pode seguir por conta própria.

Se a mente da criança pequena é encantadoramente acrítica, a do adolescente, muitas vezes, é excessivamente crítica em relação a si mesmo e às outras pessoas. Essa postura hipercrítica pode frustrar esforços criativos. Não menos do que as faculdades criativas, a faculdades críticas precisam ser ajustadas. Em parte, esse processo pode ser lançado nos anos de pré-adolescência, quando a crítica pode não ser tão contundente. Durante a adolescência e após, os estudantes precisam ser desafiados em questões nas quais tenham uma chance razoável de sucesso, devem praticar dar e receber críticas que sejam construtivas e devem aprender a quais críticas vale a pena prestar atenção e quais é melhor ignorar. Somente um masoquista adoraria receber críticas, mas o resto de nós pode aprender a lidar com elas e, na medida do possível, a internalizar e a prever a crítica de forma que possamos, ao fim e ao cabo, ser nossos primeiros e mais contundentes críticos. Com freqüência, observei, esses dispositivos são desenvolvidos mais prontamente em aulas de artes do que no currículo-padrão, preparatório para a universidade. A desaparição das artes de muitos currículos pode ter conseqüências negativas imprevistas.

Em alguns campos, como a matemática, o xadrez e a poesia lírica, os pontos altos da criatividade tendem a ser atingidos no início da idade adulta. Em outros, o caminho evolutivo até o domínio é muito mais longo, mas, talvez como compensação, as realizações continuam a ser possíveis por décadas. Filósofos, historiadores, maestros, diplomatas, líderes religiosos e psicanalistas continuam por muito tempo. O mesmo se pode dizer de alguns líderes empresariais. Em 2006, os exemplos que vêm à mente são os dos octogenários Sumner Redstone e Sidney Harman, e dos septuagenários Warren Buffet e Rupert Murdoch. Os que fazem descobertas fundamentais cedo na vida devem, de alguma forma, manter ou recuperar sua inocência anterior; metaforicamente falando, devem permanecer jovens. Freud observou, certa vez: "Quando eu era jovem, as idéias vinham a mim; à medida que envelheço, tenho que ir encontrá-las no meio do caminho". Com o aumento da duração média da vida das pessoas, os criadores (e as sociedades que os valorizam) buscarão novas formas, talvez psicológicas, talvez fisiológicas, de manter mentes joviais e de catalisar posturas irreverentes.

E que dizer do estímulo à criatividade no trabalho? Hoje em dia, poucos locais de trabalho dignos do nome proclamariam a si mesmos como berços da criatividade. Tampouco nego suas intenções declaradas. Porém, como amplamente demonstrado pela psicóloga Teresa Amabile, muitas empresas não têm a coragem de suas convicções.[6] De várias maneiras, sinalizam que originalidade demais, seja em termos de roupas, visões políticas ou perspicácia nos negócios, é tabu: caro demais, arriscado demais, divisivo demais. Recompensa-se a convencionalidade e os desviantes são marginalizados ou demitidos. Mesmo assim, outras empresas "resolvem" o problema com criatividade, relegando-o a equipes especializadas, os *Skunk Works*, ou permitindo apenas aos departamentos adquiridos mais recentemente dançar conforme sua própria música. A experiência mostra que essa estratégia de dividir e conquistar raramente dura. Se a criatividade não se infiltra no DNA de uma organização, dificilmente será transmitida à geração seguinte. É claro que a criatividade inadequada nas esferas de contabilidade e finanças pode ser suicida, como a Arthur Andersen e a Enron aprenderam um pouco depois da virada do século.[7]

A incorporação do DNA criativo ocorreu com o passar das décadas em algumas empresas-modelo, como a 3M. Essa companhia admirável preenche seus cargos superiores com indivíduos que sejam criadores comprovados. São oferecidas promoções e recompensas a quem propõe idéias novas. A equipe de liderança trabalha junto com consumidores precoces e usuários criativos, aproveitando suas idéias e lhes dando recompensas à altura. A administração dá muito espaço àqueles que pensam além do manual. Os executivos têm uma profunda compreensão de que a criatividade é um empreendimento de risco, que nunca pode ser garantido – somente estimulado e frustrado.

Outra empresa obcecada com a inovação é a General Electric. Sob a legendária liderança de Jack Welch, a GE passou a desenvolver toda uma série de novos negócios e implementou métodos radicais para promover as linhas de produtos e os indivíduos mais destacados, enquanto extirpava os que não assumiam posições de liderança. O sucessor de Welch, Jeffrey Immelt, entende que a nova geração de inovações deve acontecer principalmente dentro do atual portfólio das *holdings* da GE.[8] Por isso, está liderando uma busca por temas como ecoimaginação, que atravessem a empresa como um todo, e por abordagens "empreendedoras" de vendas, que ofereçam um leque de mercadorias e serviços a uma instituição, como um hospital, ou um evento de grandes proporções, como os Jogos Olímpicos. Immelt reservou um bilhão de dólares por ano para pesquisa e desenvolvimento. Ele espera mil idéias revolucionárias, e não cem, com uma valorização especial para aquelas que possam encontrar ressonância em diferentes seções dessa corporação multissetorial e multinacional.

Ocasionalmente, cria-se uma forma totalmente nova de negócio. Antes da era da internet, o comércio costumava acontecer por meio de contatos pessoais ou intermediários reconhecidos, como os catálogos ou agentes de compras. Assim que se tornou possível para quaisquer indivíduos ou entidades entrar em contato entre si instantaneamente, interagir como bem quiserem em quantas idas e vindas fossem necessárias e ter acesso a quantidades de informação praticamente infinitas, novas opções se abriram. Especialmente em um país como os Estados Unidos, que é simpático ao empreendedorismo e recentemente teve disponíveis generosos montantes de capital para investimentos, surgiram muitas centenas de novas empresas, cada uma delas tentando, por conta própria, muitas vezes secretamente, aproveitar os potenciais do novo meio. Os Estados Unidos do final da década de 1990 eram um canteiro de criatividade em ação.

Então veio uma reviravolta difícil no período de 2000-2001 e, de repente, a maioria dessas empresas, vários milhares delas, segundo as estimativas, não existiam mais, e um número considerável de outras que haviam sido consideradas como a onda do futuro reduziu seu escopo (como a Priceline) ou acabou revertendo para sua atividade central, mais tradicional (como a Cisco).

Não está nem um pouco claro que, em 1995, ou mesmo em 2000, poderíamos ter previsto qual das empresas baseadas na internet estaria em boa situação em meados da primeira década do novo milênio. Amazon, Google e eBay tiveram, todas, seus altos e baixos; mas, mesmo assim, pelo menos olhando agora, pode-se ver como cada uma delas conseguiu identificar um desejo humano fundamental e usar a internet de forma engenhosa para atender a essa necessidade – ou, nos termos atuais, como elas identificaram uma esfera central e criaram um campo receptivo.

Começando com a venda de publicações, a Amazon facilitou a compra desses produtos com o comprador sentado ao computador e ofereceu todos os tipos de avaliações de usuário para auxiliar na compra. A empresa sabe quais livros eu gostaria de ter, assim como meus amigos e parentes, e conta ao mundo o que as pessoas pensam dos livros que escrevi, mesmo quando eu preferiria que o site usasse a opção *delete*.

O Google responde ao desejo humano de obter informações com a maior rapidez e confiabilidade possível – e de graça! É só digitar a informação necessária e se tem à disposição uma quantidade imensa de fontes relacionadas. Inicialmente, as fontes eram ordenadas estritamente em termos de freqüência de uso, mas novos especialistas em Google estão empregando medidas mais nuançadas de qualidade. No horizonte, há planos para digitalizar todos os livros já escritos e usar programas de computador que entendam solicitações tão bem a ponto de oferecer respostas com sentido. Atenção, professores: cuidado na hora de corrigir os trabalhos dos alunos!

A eBay é o paraíso máximo dos compradores: um bazar eletrônico onde se pode comprar praticamente tudo ou vender praticamente qualquer coisa. O usuário pode fazer ofertas, aceitá-las ou rejeitá-las. Os procedimentos criados para consumar a compra são eficientes, confiáveis e seguros, e se pode verificar a confiabilidade da pessoa com quem se está negociando, porque os usuários dão notas ao desempenho uns dos outros, embora, sintomaticamente, não se possa saber seus verdadeiros nomes. A eBay também realizou o feito considerável de criar uma comunidade, pois, no mundo todo, usuários da empresa sentem ter um vínculo uns com os outros. E, embora os responsáveis pela eBay tenham uma tendência a exagerar, pode-se dizer que a comunidade exibe um nível generoso de autogoverno. A eBay criou uma mescla impressionante de mecanismos de mercado e procedimentos democráticos. Sua abertura está em franco contraste com o sigilo obsessivo que levou à ascensão da Enron e à sua derrocada final.

É claro que a geração de uma idéia criativa é somente parte da história. Todos os tipos de coisas podem dar errado ao se passar de uma novidade ao negócio eficaz. Cada uma das empresas mencionadas teve ou adquiriu gerências habilidosas e se dispôs a fazer escolhas difíceis e mudanças radicais de direção quando as circunstâncias assim indicavam. Cada uma delas também esteve envolvida em litígios onerosos, às vezes contra outros criadores da paisagem da internet.

Todas elas estão sempre em busca de formas de expandir os negócios. Na condição de importantes histórias de sucesso da era da internet, cada uma tem licença para ampliar seu âmbito de operação e desafiar seu principal concorrente no próprio campo deste. Cada uma delas promove criatividade em seus funcionários e em seus usuários. A Google, por exemplo, dá um dia por semana aos empregados para trabalhar em projetos que não estejam diretamente ligados a receita. E, por fim, todas estão sempre alertas para a próxima das chamadas aplicações matadoras, que poderia ameaçar solapar sua hegemonia no mercado, mesmo antes de você terminar de ler estas linhas! As grandes rupturas criativas não duram para sempre.

CRIATIVIDADE POR PARTE DE GRUPOS GRANDES E PEQUENOS

Com exceção da área empresarial, a maioria dos estudos de criatividade e de seus estudiosos concentrou-se nas mentes, nos métodos e nas motivações do criador individual. Esse viés reflete os interesses dos psicólogos, por um lado, e o romantismo associado às personalidades inventivas, por outro. A criatividade por parte de duplas, trios ou grupos maiores é considerada anômala ou, simplesmente, a soma das capacidades dos membros individuais desse grupo.

Os limites desse foco no indivíduo estão ficando claros. Nas ciências – seja a física de partículas ou a genômica – uma grande quantidade dos trabalhos mais importantes é desenvolvida por equipes enormes, muitas vezes com centenas de pessoas. As produções artísticas no palco ou na tela também envolvem grandes combinações de personalidades, muitas vezes criativas, muitas vezes difíceis, freqüentemente conflitantes. Na era dos meios de comunicação de massas, o apelo potencial de um trabalho a milhões de pessoas é muito valorizado e, às vezes, trabalhos envolvendo representantes de várias artes e ofícios são cancelados se houver sinais precoces de que não conseguirão atrair um público suficientemente amplo. Na área de consultoria em gestão, equipes aterrissam em uma empresa em crise, resolvem problemas e depois publicam seu relatório e suas recomendações. Chamo esses trabalhos conjuntos de "estilo de Hollywood", ou seja, grandes quantidades de pessoas, muitas vezes desconhecidas umas das outras, devem se juntar em períodos curtos, estabelecer as conexões necessárias e confiar umas nas outras para completar o trabalho de forma eficiente e passar para a próxima tarefa, seja ela a seqüência de um filme ou a assessoria a outra empresa.

Uma outra forma de criatividade coletiva foi identificada recentemente: a sabedoria das multidões. Vemos esse fenômeno nas fontes do Google que são mais usadas, nos livros da Amazon mais recomendados e nos vendedores do eBay que merecem mais confiança. Os programas de fonte aberta, nos quais dezenas de indivíduos dão suas contribuições a um programa de computador, são outro exemplo muito elogiado. Talvez o exemplo mais claro, e um dos mais polêmicos, seja a Wikipédia. Essa virada na enciclopédia tradicional apresenta verbetes que são inseridos originalmente por um ou mais autores e depois submetidos a muitas revisões e, espera-se, muitos aprimoramentos, havendo pessoas preparadas para passar tempo pesquisando o tema e oferecendo novos textos.

A questão que surge é se as idéias sobre criatividade precisam ser reelaboradas para dar conta do número cada vez maior de projetos e campos em que as contribuições individuais parecem menos importantes, sendo a mente coletiva mais crucial. Claramente, a capacidade de passar a conhecer indivíduos rapidamente, de estabelecer uma relação de trabalho, de lidar com questões de conflito e crédito, assumem mais importância. O *brainstorming* e a improvisação passam ao primeiro plano e a glória pessoal perde importância.

Minha visão sobre esse tema envolve o reconhecimento de um contínuo. Em uma extremidade, encontram-se questões profundas da sociedade, como as causas da pobreza ou a difusão do racismo, que não estão abertas a formulações ou soluções imediatas. As soluções apresentadas pelo público em geral têm poucas probabilidades de serem úteis. Por outro lado, no outro extremo do contínuo estão questões que refletem os desejos ou interesses de um determinado grupo ou da comunidade em geral, nas quais as contribuições por parte de muitos indivíduos heterogêneos podem muito bem ser a via preferida.

Pode-se aplicar essa métrica a enciclopédias: se quisermos conhecer o apelo de Elvis Presley ou *American Idol*, podemos consultar a Wikipédia; se quisermos entender as contribuições de Kant, é melhor ler uma contribuição de uma autoridade reconhecida na Enciclopédia Britânica.

Posso acrescentar um exemplo pessoal. Várias vezes durante a minha vida, a Universidade de Harvard escolheu um reitor. Quando se trata de elaborar uma lista de candidatos, a sabedoria das multidões é superior à indicação de um indivíduo. Quando, contudo, deve-se tomar uma decisão final, o voto da maioria não substitui a avaliação baseada em debates e a sabedoria por parte das pessoas mais informadas, de dentro e de fora.

Mesmo no extremo do contínuo relacionado ao "problema profundo", há opções. Alguns problemas e projetos são tratados melhor por um pequeno grupo de pessoas que se conhecem bem e trabalham juntas regularmente por um longo período. Esse tipo de conversa informal sobre temas de trabalho acontece em laboratórios científicos reconhecidos, companhias de teatro, quartetos de cordas. Outros problemas e projetos podem ser tratados igualmente bem por grupos que são reunidos com propósitos específicos, opção que permite encarregar indivíduos que tenham a habilidade específica necessária, estimula visões diversificadas e milita contra seguir o pensamento do grupo ou se deixar cair na rotina.

A CRIATIVIDADE NO CAMINHO ERRADO

Obviamente, o risco de criatividade "perigosa", "simulada" ou "falsa" está sempre à espreita. A Enron se intitulou uma das empresas mais inovadoras do mundo e, de fato, o que ela se dispunha a fazer na década de 1990 – negociar títulos futuros na indústria de gás, colocar pedidos e negociar na internet, supervisionar a privatização da energia em muitos países em desenvolvimento – representava caminhos nunca antes percorridos no setor de energia. O problema, todos sabemos, foi que grande parte da chamada criatividade era pseudocriatividade – baseada em estimativas falsas, em esperanças em lugar de dados e na tradicional e boa (corrigindo: má) criminalidade.

O campo das ciências também não está imune a falsos exemplos de criatividade ou, se você preferir, exemplos de falsa criatividade. Peguemos, como exemplo, as ciências físicas: nos séculos XVII e XVIII, a sabedoria convencional estipulava que as substâncias queimavam porque continham um elemento chamado "flogístico", uma substância insípida e incolor que era liberada durante a queima até que a substância fosse "deflogisticada", mas o flogístico revelou-se uma invenção de químicos para explicar um processo que não entendiam. Graças às investigações de Antoine Lavoisier, os cientistas puderam ver que a combustão também ocorre quando substâncias (como um combustível) combinavam-se com o oxigênio e atingiam uma determinada temperatura.

Um desmascaramento semelhante aconteceu há cem anos. Durante o século XIX, os físicos postularam um meio chamado de "éter", através do qual passariam todos os tipos de ondas de luz e calor. Foram os experimentos de Albert Michelson e de Edward Morley e a perspicácia teórica de Albert Einstein que provaram que o éter não existe, assim como o flogístico. Qualquer modelo do universo que ele sugerisse era supérfluo.

Não são apenas os nossos ancestrais que poderiam estar seriamente equivocados. Uma das alegações mais notáveis das últimas décadas foi a tão elogiada descoberta da fusão a frio. Em 23 de março de 1989, em uma entrevista coletiva convocada às pressas, Stanley Pons e Martin Fleischmann, dois físicos conhecidos da Universidade de Utah, Estados Unidos, anunciaram ter realizado um feito impressionante. À temperatura ambiente, haviam comprimido átomos de hidrogênio dentro de células de fusão a frio, que consistiam em dois eletrodos de metal, um de paládio e um de platina, mergulhados em um frasco de água pesada com sal de lítio e conectados por meio de uma corrente de eletrodo moderada. A fusão resultante supostamente liberou uma grande quantidade de energia, que havia sido associada anteriormente apenas a reações nucleares "a quente", isto é, a temperaturas muito altas. Segundo a nota divulgada à imprensa na época, "dois cientistas conseguiram criar uma reação de fusão nuclear sustentada à temperatura ambiente, em um laboratório de química da Universidade de Utah. A realização significa que o mundo poderá um dia contar com a fusão como fonte de energia limpa e praticamente inesgotável".[9]

Esse anúncio, transmitido imediatamente pelos meios de comunicação no mundo todo, causou sensação. O *The Wall Street Journal* declarou que "cientistas que trabalham na Universidade de Utah afirmam ter conseguido a inédita reação de fusão de hidrogênio sustentada, usando, assim, em laboratório, a potência de fusão da bomba de hidrogênio. Os dois cientistas disseram que, com os equipamentos que podem ser usados em uma aula de primeiro ano de química, haviam desencadeado uma reação de fusão em um tubo de ensaio, que continuou por mais de 100 horas".[10] Parecia que uma quantidade praticamente ilimitada de energia barata, segura e limpa poderia estar disponível por meio de um simples processo eletroquímico. Se fosse verdade, a necessidade de combustíveis fósseis e a busca por fontes de energia até então pouco aproveitadas, como as do mar e do sol, seria desnecessária. Um paraíso para os consumidores, de longa duração.

O que aconteceu nos meses que se seguiram foi educativo, especialmente para estudiosos do processo criativo. Grandes quantidades de fundos públicos e privados foram canalizadas a essa linha de pesquisa, tanto nos Estados Unidos quanto em outros países. Alguns laboratórios afirmavam ter logrado demonstrações semelhantes. Esse grupo, do qual ainda persistem representantes hoje em dia, pode ser considerado os "crentes". Porém, uma proporção cada vez maior da comunidade científica concluiu que as alegações de fusão a frio eram simplesmente falsas. Alguns especialistas as rejeitaram *a priori*, imediatamente, indicando que as conclusões alegadas eram contraditórias com nossos conhecimentos bem-estabelecidos sobre como a matéria funciona. Vários outros investigadores importantes tentaram sem sucesso repetir os resultados e tornaram-se céticos *a posteriori* com relação às alegações.

Qualquer afirmação de criatividade ocorre em um campo, tradicional ou recém-constituído, e os critérios para assegurar a criatividade são fundamentais para se fazer um julgamento.

Pons e Fleischmann eram cientistas, e seu valor sofreu graves ataques. Após exames, viu-se que seus experimentos não haviam sido desenvolvidos de modo minucioso, os dados estavam relatados de maneira incompleta e descuidada, condições de controle óbvias não haviam sido estabelecidas. Na verdade, os investigadores haviam feito seu anúncio de forma prematura, porque tinham receio de ser ultrapassados por rivais na Universidade Brigham Young, próxima dali. Pressionados por mais detalhes sobre os estudos, para que outros pudessem entender e tentar repetir seus resultados, os dois estudiosos assumiram posturas defensivas e ofensivas e, talvez mais prejudicial, não apresentaram uma explicação convincente de *por que* haviam obtido os resultados que afirmavam ter obtido. A ciência evoluiu – ou degenerou – para a política. O fenômeno da fusão a frio aos poucos foi entrando no caminho do flogístico e do éter. A criatividade deu lugar à prestidigitação.

Vários livros já foram escritos sobre o episódio da fusão a frio.[11] A maioria tem uma postura crítica, embora alguns ainda tenham esperanças na linha de trabalho capitaneada, ou melhor, popularizada, por Pons e Fleischmann. Considero o episódio como um exemplo claro de criatividade solapada pela falta de disciplina. Pons e Fleischmann eram cientistas reconhecidos, respeitados em seu campo. Estou disposto a lhes dar o benefício da dúvida e aceitar que sua busca pela fusão a frio foi motivada por curiosidade científica e que seus resultados iniciais foram suficientemente promissores para justificar mais investigações. Uma vez tendo sentido que estavam perto de algo que tinha importância para a sociedade, contudo, os pesquisadores de Utah perderam a perspectiva. Em lugar de manter o ceticismo de cientistas, de escutar as dúvidas levantadas por colegas (alguns dos quais inicialmente foram muito simpáticos a Pons e Fleishmann), os dois cientistas esqueceram-se dos valores centrais de sua disciplina: a busca pela forma com que as coisas realmente funcionam, o respeito pelo processo de revisão por pares, a disposição de compartilhar métodos e conclusões, a humildade que permita que alguém diga que se está errado, que houve má interpretação ou superestimação de dados. Em nossos termos, eles esqueceram da esfera na qual estavam trabalhando, ignoraram as contribuições do campo em questão e tentaram criar um novo campo de incentivadores ingênuos.

Seu erro arruinou carreiras de administradores universitários, desacreditou jovens cientistas em seu próprio laboratório e em outros laboratórios equivocados e, não menos importante, prejudicou sua própria posição profissional.

Pode-se argumentar que Pons e Fleischmann foram criativos, mas simplesmente tiveram a má sorte de estar errados. Discordo. Embora valha tudo na geração de novas idéias, o candidato a criador tem obrigação de ser escrupuloso na finalização e na validação do trabalho. A criatividade indisciplinada é criatividade solapada. Mesmo se os dois conseguissem provar, um dia, que estavam corretos em suas hipóteses, não deveriam receber crédito pela ruptura criativa. Como os proponentes do flogístico e do éter, provavelmente é melhor não os julgar em termos de sua fidelidade a construtos desnecessários, e sim em termos de suas contribuições positivas, se é que houve alguma, à ciência de seu tempo.

CRIANDO E SINTETIZANDO

Evidentemente, sobram paralelos entre as mentes sintetizadora e criadora. Para começar, ambas requerem uma base de erudição e de disciplina. Ambas aproveitam a disponibilidade de muitos exemplos, a exposição a vários modelos de referência e a construção de múltiplas representações do mesmo tema geral. Na verdade, não há linha definida separando a síntese da criação. Algumas das melhores criações surgem de tentativas de síntese (ou de sínteses que se desviaram do rumo); e, especialmente entre os especialistas em formação ou estudiosos no final de carreiras ativas, uma síntese pode representar uma considerável realização criativa.

Ainda assim, os impulsos por trás dessas duas posturas mentais são distintos. O objetivo do sintetizador é situar o que já foi estabelecido na forma mais útil e esclarecedora possível; o do criador, por outro lado, é ampliar o conhecimento, colocar em questão os limites de um gênero, orientar um conjunto de práticas em direções novas e imprevistas.

O sintetizador busca ordem, equilíbrio, fechamento; o criador é motivado pela incerteza, pela surpresa, pelo desafio permanente e pelo desequilíbrio. Podemos nos apropriar de uma famosa distinção formulada por Friedrich

Nietzsche. O sintetizador é apolíneo: possuído por um temperamento contido, procede de maneira harmônica e equilibrada. Por sua vez, o criador é dionisíaco: de natureza tempestuosa, está em posição de lutar com os deuses.

Nenhuma sociedade pode ser composta somente de criadores, pois eles são desestabilizadores por natureza. A história sugere que quanto mais "quente" for o centro criativo, mais rápidas são suas probabilidades de extinção. Em 1900, Viena era um centro de pensamento criativo, mas, 50 ou 100 anos mais tarde, ninguém a colocaria na lista. Contudo, restam poucas dúvidas de que, em um futuro visível, as sociedades que sabem como cultivar e sustentar a criatividade – tanto da variedade do *c* minúsculo quanto da do *C* maiúsculo – têm mais chances de prosperar do que as que desestimulam a criatividade ou limitam-se a copiar aquilo que os verdadeiros inovadores realizaram, que os sucessores destes provavelmente irão superar amanhã.

De que forma a relação entre sintetizar e criar se dá em diferentes ambientes? No mundo da academia, espera-se que as pessoas tenham adquirido habilidade de síntese antes de se aventurarem em novas arenas. Na escola de pós-graduação onde leciono, por exemplo, é comum a pessoa redigir uma revisão de literatura como trabalho de qualificação; depois, uma vez que a revisão tenha passado, ela pode escrever uma dissertação, a qual (diferentemente da revisão) supõe-se que seja uma contribuição original ao mesmo subdomínio. Mesmo assim, está claro que certos especialistas em formação têm o ímpeto criativo, enquanto muitos outros não o têm ou são ambivalentes com relação a expor-se. Nas artes, hoje em dia, a síntese pode cumprir um papel menor do que no passado. Bach e Mozart consideravam-se mestres da tradição; John Cage e Igor Stravinsky viam a tradição como algo a ser derrubado. A novidade pura é ignorada muitas vezes, embora, talvez, mais a curto do que a longo prazo. Em ambientes empresariais, as capacidades de síntese são vitais para administradores e para líderes, e destes se espera que tenham um campo de ação mais amplo em termos de tempo e terreno.

Em nível de liderança, a mente do tipo holofote, com alcance de 360º, costuma ser mais valorizada do que a mente do tipo *laser*, de foco concentrado em ângulo agudo. Mesmo assim, reconhece-se que as idéias mais inovadoras em termos de produtos, vendas ou *marketing* provavelmente virão daqueles com uma tendência ao pensamento *laser*, quer trabalhem sós ou em conjunto. Só o líder raro, transformador ou visionário demonstra criatividade verdadeira. Vemos essa criatividade em funcionamento quando gerações seguidas aproveitam os frutos e/ou sofrem as destruições desse líder, seja ele Napoleão, Mao Tsé-Tung, a rainha Elizabeth I ou Margaret Thatcher.

TRÊS APARÊNCIAS DA CRIATIVIDADE NO FUTURO

Até este momento, o cultivo da criatividade tem sido um empreendimento centrado no ser humano. Uma massa crítica de pessoas envolvida em atividade criativa – Atenas no século V a.C., Florença no Renascimento, Viena e Paris em 1900, o Vale do Silício na década de 1990 – constitui a fórmula ideal para garantir a inovação contínua. O sociólogo Richard Florida aponta alguns centros urbanos contemporâneos nos Estados Unidos – Austin, San Diego, Seattle – que surgiram porque atraem indivíduos que são jovens, confortáveis com a tecnologia, liberais em termos sociais, envolvidos com artes.[12] Sem dúvida, centros comparáveis estão sendo propagados por toda Europa, Ásia e América Latina. Nos próximos anos, contudo, esse empreendimento humano será complexificado por três novos atores.

À medida que aprendermos mais sobre a biologia – e, particularmente, sobre o cérebro e sobre os genes – descobriremos mais daqueles fatores que contribuem ou diminuem a probabilidade de vidas criativas e atividades criativas. Talvez certos genes controlem personalidade ou temperamento que sejam receptivos à inovação e aceitem a turbulência; talvez haja locais no sistema límbico ou determinadas conexões entre os córtices ou hemisférios que tenham mais chances de ser ativados em indivíduos considerados "cronicamente criativos" pelos campos relacionados. Tais descobertas poderiam ser simplesmente feitas e documentadas como conhecimento científico "puro".

É muito mais provável, contudo, que aqueles que valorizam a criatividade busquem cultivar – embora esperançosamente não os criem! – seres humanos com essas tendências biológicas. Podemos estar ainda mais certos de que os que buscam controle totalitário encontrarão maneiras de eliminar esses estranhos criativos. Em lugar de queimar livros, os futuros líderes totalitários ou seus capangas brutais extirparão centros fundamentais do cérebro ou eliminarão genes reveladores. O que um dia foi território da ficção científica pode muito bem tornar-se o campo do fato científico.

Novos conhecimentos também continuarão a advir nos domínios da inteligência artificial e da simulação por computador do intelecto humano. Serão elaborados programas de computador – na verdade já foram – que realizarão novas obras de artes visuais, novos projetos comerciais e novos padrões e hipóteses científicos. As pessoas envolvidas em atividades científicas também usarão os computadores como próteses intelectuais, manipulando variáveis ou acumulando dados em quantidade enormes, impensáveis na era pré-computadores.

A maioria das inovações de hoje em dia – dos projetos arquitetônicos de Frank Gehry à decodificação dos genomas pela empresa Celera – não seria possível sem computadores poderosos (embora o próprio Gehry ainda trabalhe à mão). Mais uma vez, haverá uma luta entre aqueles que usam essas novas formas de intelecto para fins positivos e os que as usarão para propósitos de controle ou destruição. As tecnologias neuro, geno e do silício são neutras em termos de valores. Embora revistas com capas reluzentes gostem de elogiar essas evoluções da "nova era", o cientista da computação Bill Joy alerta contra os potenciais destrutivos da nanotecnologia, da engenharia genética e da robótica.[13] Compartilho de sua ansiedade de que um agente tóxico clonado ou um computador programado para disparar ogivas atômicas possa causar destruição na vida como a conhecemos. Necessitamos, hoje, de uma quantidade generosa de criatividade na esfera humana, especialmente nas formas com que nós, seres humanos, nos relacionamos entre nós mesmos pessoalmente, desenvolvemos nosso trabalho e cumprimos nossas obrigações como cidadãos. É dessas considerações morais e éticas que trato a partir de agora.

NOTAS

1 Edward de Bono, *Lateral Thinking* (New York: Harper, 1973).
2 Mihaly Csikszentmihalyi, *Creativity* (New York: Harper Collins, 1996).
3 John Maynard Keynes, *The General Theory of Employment, Interest, and Money* (1936; reimp., New York: Prometheus, 1977).
4 Citado em Howard Gardner, *Artful Scribbles* (New York: Basic Books, 1982) 8.
5 Howard Gardner, *To Open Minds: Chinese Clues to the Dilemma of American Education* (New York: Basic Books, 1989).
6 Teresa Amabile, *How to Kill Creativity* (Boston: Harvard Business School Press, 2004).
7 Bethany McLean e Peter Elkind, *The Smartest Guys in the Room* (New York: Viking, 2004).
8 Jeffrey Immelt, "Growth as a Process: The HBR Interview", *Harvard Business Review*, junho de 2006.
9 Gary Taubes, *Bad Science: The Short Life and Weird Times of Cold Fusion* (New York: Random House, 1993), xviii.
10 Ibid., 112.
11 Entre esses livros, estão: J. R. Huizenga, *Cold Fusion: The Scientific Farce of the Century* (New York: Oxford University Press, 1994); Eugene F. Mallove, *Fire from Ice: Searching for the Truth Behind the Cold Fusion Furor* (New York: John Wiley, 1991); Bart Simon, *Undead Science* (New Brunswick, NJ: Rutgers University Press, 2002); e Taubes, *Bad Science*.
12 Richard Florida, *The Rise of the Creative Class* (New York: Basic Books, 2003).
13 Bill Joy, *Why the Future Doesn't Need Us: How 21st Century Technologies Threaten to Make Humans an Endangered Species* (New York: Random House Audio, 2006).

5
A mente respeitosa

O JOGO DE CONTAS ORIGINAL

Há cem mil anos, ancestrais do *homo sapiens* já se enfeitavam com contas coloridas. Na visão dos estudiosos, membros de um grupo humanóide diferenciavam-se de outro grupo através de uma decisão consciente de se embelezar de uma maneira prescrita.[1] Não se pode saber ao certo se esse tipo de adorno era realizado exclusiva ou fundamentalmente com propósitos de formação de grupo, nem se nossos ancestrais já estavam conversando uns com os outros por meio de algum tipo de língua ou protolíngua, nem como esse tipo de marca estava relacionada a outros tipos de simbolismo, de ritos funerários a pinturas de animais em cavernas. Parece claro que a aplicação de marcas que diferenciassem grupos entre si é uma característica importante e duradoura de nossa espécie.

Antropólogos e arqueólogos estudaram o pertencimento a grupos a partir de vários ângulos. Muitos artefatos humanos – como máscaras, totens e escudos – são decorados com sinais distintivos. Os padrões de parentesco costumam ser exógamos: os homens escolhem parceiras de tribos próximas, com nomes de filhos e padrões de residência sendo preocupações antigas e importantes. A troca de presentes entre grupos marca ocasiões cerimoniais, mas essas características identificadoras raramente se restringem a situações de paz ou celebração. Grupos tribais muitas vezes envolvem-se em guerras rituais, combates armados, que vão até que um determinado número de indivíduos tenha sido morto de um lado ou de outro. Nos últimos tempos, os aspectos ritualísticos dos conflitos foram atrofiados: é isso que se quer dizer com expressões assustadoras como *guerra total*, *guerra mundial*, *conflito global* ou *destruição mútua garantida*.

Os seres humanos apresentam uma tendência arraigada a criar grupos, proporcionar marcas distintivas para essas coletividades e adotar atitudes claramente positivas ou claramente hostis em relação a grupos próximos e a mais distantes. É só observar os times de futebol! A rivalidade entre os provedores de internet! As relações vão desde amizades antigas a inimizade mortal, passando por rivalidades duradouras. O antropólogo Claude Lévi-Strauss considerou a dicotomização de relações humanas como uma característica fundamental dos seres humanos. Em sua descrição concisa, a vida social consiste em intercâmbios entre grupos culturais de três entidades: palavras, bens e mulheres.

EXPLICAÇÕES CONFLITANTES SOBRE AS RELAÇÕES ENTRE GRUPOS

Pode-se prenunciar a estrutura explicativa preferida examinando a própria reação ao estado de coisas que acabo de expor. Cinqüenta anos atrás, na onda das teorias raciais pseudocientíficas do nazismo, os observadores relutavam a adotar explicações de base biológica para os comportamentos humanos. E, portanto, a tendência a se dividir em grupos e assim organizar a vida social era vista como um legado cultural que poderia ser alterado voluntariamente. Atualmente, nosso andaime explicativo inclina-se para o lado da biologia. Estudiosos enfatizam analogias dentro da ordem dos primatas, pesquisadores buscam evidências de que partes do cérebro, ou mesmo determinados genes, são associadas ao reconhecimento das diferenças de grupo e ao estabelecimento de relações de simpatia ou de hostilidade que possam prevalecer entre os grupos.

As descobertas da sociobiologia e da psicologia evolutiva são verdadeiras. Não resta dúvida de que os seres humanos têm inclinações profundamente arraigadas a estabelecer grupos, identificar-se com membros de seu próprio grupo e valorizá-los adotando um tom cauteloso, se não antagônico, em relação a outros grupos comparáveis, independentemente de como eles forem definidos e constituídos. Entretanto, essas explicações com ênfase biológica têm limitações. Para começar, não dão conta dos contornos, da amplitude ou da flexibilidade dessas distinções intragrupo-extragrupo. (Considere as relações entre a Grã-Bretanha e a França, que se alteraram com o passar das décadas e dos séculos.) Em segundo lugar, como os seres humanos exibem tendências agressivas/antagônicas *e* altruístas/associativas, praticamente qualquer postura em relação a outro grupo pode ser racionalizada retroativamente. Por fim, ainda que se possam encontrar até mesmo bases biológicas para a dicotomização, para os estereótipos ou para os preconceitos, os seres humanos de cada geração devem tentar lidar com estas tendências, calando-as e superando-as quando possível. (Sua reação ao termo "cosmopolita" é um teste decisivo para suas próprias idéias sobre o assunto.) As tendências à paz, nos últimos anos, em lugares como a Irlanda do Norte e a África do Sul, seriam inexplicáveis se o relacionamento anteriormente hostil entre grupos – católicos *versus* protestantes, negros *versus* brancos – fosse verdadeiramente implacável.

A ÉPOCA ATUAL COMO UM TEMPO DIFERENTE

Com a invenção de armamentos de massa, principalmente as armas nucleares, a relação entre grupos humanos cruzou o Rubicão. No passado, quando as restrições inerentes que regulam a guerra ritualizada falhavam, o pior resultado era a aniquilação de um grupo hostil.

Embora a palavra possa ser nova, o conceito de genocídio é tão antigo quanto a Bíblia e tão recente quanto os eventos no Sudão, em Ruanda e na ex-Iugoslávia. Hoje em dia, a guerra não conhece limites. Em menos de um século, tivemos dois conflitos que abarcaram grande parte do planeta e possuímos armas nucleares, biológicas e químicas que podem prontamente cruzar fronteiras territoriais e que seriam capazes, no extremo, de tornar o mundo inabitável. É impressionante que até o momento essas armas só tenham sido usadas em contextos limitados, e é necessário um verdadeiro otimismo para acreditar que conflagrações que ameacem o mundo não acontecerão dentro do período de vida dos leitores desta frase.

Tornar a guerra e as armas algo ilegal é uma idéia nobre, mas parece improvável que se concretize. Os grupos não confiam uns nos outros para estabelecer esse tipo de compromisso e, talvez, eles sejam sábios ao desconfiar de adversários que façam esse tipo de promessa. (Quando eu era jovem, um nome solitário – *Munique* – sinalizava um ceticismo em relação à promessa de um líder de manter a paz.) A concorrência de vários tipos – da comercial à atlética – pode servir como forma substituta de combate para alguns indivíduos e para alguns grupos, mas a noção de que países que tenham times de futebol competitivos ou muitas lanchonetes McDonald's irão também abster-se da guerra é ingênua. Até onde eu vejo, fora pílulas da paz ou ampla extirpação dos núcleos cerebrais ou dos genes que sustentam comportamentos agressivos, o único caminho possível para o progresso reside na educação, concebida amplamente.

UM OBJETIVO RAZOÁVEL: O RESPEITO PELOS OUTROS

Em um mundo composto por algumas centenas de países, milhares de grupos falando milhares de línguas e mais de 6 bilhões de habitantes, qual objetivo é razoável? Está claro que não mais simplesmente baixamos uma cortina ou um muro que isole grupos uns dos outros indefinidamente. Nós, *homo sapiens*, devemos aprender de alguma forma como habitar lugares próximos – e no mesmo planeta – sem odiar uns aos outros, sem querer machucar ou matar uns aos outros, sem agir a partir de inclinações xenófobas, mesmo que nosso próprio grupo possa surgir triunfante a curto prazo. A tolerância que se deseja é invocada com freqüência e talvez isso seja tudo a que se pode aspirar. Autores de temperamento mais otimista optam por linguagem romântica. Às vésperas da Segunda Guerra Mundial, o poeta W. H. Auden declarava que "devemos amar uns aos outros ou morrer".[2]

Prefiro o conceito de respeito. Em lugar de ignorar as diferenças, ser inflamados por elas ou buscar aniquilá-las por meio do amor ou do ódio, conclamo os seres humanos a aceitar essas diferenças, conviver com elas e valorizar as pessoas que pertencem a outros grupos.

MARCOS DO DESENVOLVIMENTO

Já no primeiro ano de vida, somos capazes de discernir uma base para o respeito pelos outros. Os bebês em um berçário vêem ou escutam o desconforto de outro e sinalizam sua consciência disso ao se queixar ou chorar eles próprios. Os psicólogos interpretam esses comportamentos como um sentido incipiente de eu (em comparação ao outro) e como o surgimento de uma resposta empática. Os bebês um pouco mais velhos, tornam-se proativos quando se deparam com o desconforto de outro, consolam outro que lhes que pareça triste – dando-lhe um brinquedo e convidando-o para participar de uma brincadeira.

Infelizmente, também se podem detectar respostas menos dóceis. Os bebês tirarão brinquedos uns dos outros, brigarão, excluirão indivíduos ("você é bebê") ou grupos ("esse canto é só para meninos") de atividades valorizadas. Em casos patológicos, podem ir além do autocentrismo e buscar machucar ao outro. A capacidade de distinguir grupos um do outro também se manifesta muito antes do início da educação formal: crianças de 3 ou 4 anos fazem distinções importantes entre indivíduos ou grupos em termos de cor da pele, gênero, língua, como se vestem, onde moram e, talvez até, do grupo étnico a que pertencem. Na verdade, mesmo nos primeiros meses de vida, os bebês olham preferencialmente para rostos de sua própria raça – mas isso não acontece, o que é instrutivo, quando vivem em uma cultura que inclua grandes quantidades de indivíduos com peles de cores diferentes.[3]

A detecção de diferenças é a matéria-prima, é parte da cognição humana, útil em muitos aspectos e, de qualquer forma, impossível de conter, mas a maneira como essas diferenças são rotuladas e interpretadas é um fenômeno cultural. Crianças pequenas identificam-se com indivíduos que são vistos como maiores, mais velhos e/ou mais poderosos, e querem imitá-los. A forma como esses modelos de referência relacionam-se com o pertencimento a diferentes grupos torna-se crucial. Se adultos brancos e negros mesclam-se sem problemas e confortavelmente, a importância dessa distinção de cor se reduz. Se os adultos falam em uma série de línguas e movimentam-se de forma mais ágil entre um jargão e outro, essa facilidade de comunicação marca as conexões entre grupos lingüísticos. Ao chegar em casa, vinda da pré-escola, minha filha Kerith me perguntou: "A professora é negra?". Estava claro que ela havia escutado esse termo, mas não tinha certeza do significado. Quando a famosa professora de pré-escola Vivian Paley adverte seus pequenos alunos de que "você não pode dizer 'você não pode brincar'", está estabelecendo um preceito que amplia um sentido de pertencimento e impõe uma penalidade aos que tenham atitudes divisivas.[4]

Aos 5 anos, no máximo, as linhas para amizade ou hostilidade, inclusão ou exclusão em grupos, amor ou ódio, já estão traçadas. As crianças têm ciência das identidades e dos contornos de grupo. Baseadas no que observam, já começaram a ajustar posturas em relação aos grupos a que pertencem, àqueles dos quais se sentem excluídas e/ou àqueles a que não desejam pertencer. É muito importante para o desenvolvimento de atitudes e de grau de conforto na sociedade se a pessoa foi criada na África do Sul do *apartheid* na década de 1950 ou na África do Sul integrada de hoje em dia.

Uma questão importante é se as crianças associam significado moral ao pertencimento a grupos: em outras palavras, o grupo A só é diferente do grupo B ou o grupo A é melhor (ou pior) do que o grupo B? Até as crianças de 5 anos vêem a esfera moral como uma esfera à parte, sendo capazes de distinguir práticas morais (é errado roubar ou prejudicar outra pessoa) de práticas simplesmente convencionais (em alguns países, as pessoas dirigem do lado esquerdo da rua) e também podem compartilhar algumas intuições morais, por exemplo, de que os bens deveriam ser distribuídos igualmente entre os membros de um grupo. No entanto, não se pode prever se investirão as diferenças de grupo em si de força moral ("os que têm a mesma cor de pele que eu são melhores do que os que têm cor de pele diferente"). Um dos fatores que influenciaram a Suprema Corte dos Estados Unidos no famoso caso *Brown versus Board of Education*, de 1954, que acabou com a segregação racial em escolas públicas do país, foi uma demonstração por parte de psicólogos que, tendo uma chance, muitas crianças negras prefeririam brincar com bonecas brancas. As atitudes e as práticas da comunidade mostraram-se cruciais nessa determinação.

Em termos ideais, a responsabilidade de engendrar respeito entre grupos diferentes e mostrar esse respeito em público deveria ser distribuída por toda a sociedade. Pais, vizinhos, líderes políticos, meios de comunicação populares e a gama de organizações da comunidade deveriam todos exibir tal respeito. Mais além, deveriam recompensar os que o exibissem e isolar ou penalizar de alguma outra forma os que deixassem de respeitar – ou seja, os que desrespeitassem os outros. Mas não podemos contar com a prevalência desses modelos de referência ideais. É muito mais provável que a pessoa que está crescendo encontre toda uma gama de modelos, alguns admiráveis, talvez, mas muitos outros confusos ou mesmo bastante hostis. Se você duvida disso, passe por alguns canais no televisor mais próximo ou escute algumas estações de rádio com programas de entrevistas.

Muitas vezes surge uma dissociação entre expressão pública de tolerância e sinais mais sutis de esnobismo, preconceito ou exclusão explícita. O psicólogo Yarrow Dunham e seus colegas demonstraram que, quando chegam à etapa intermediária da infância, as crianças negam que sejam preconceituosas,[5] mas, quando colocadas em um paradigma experimental em que os tempos de reação a estímulos sinalizavam preconceitos subjacentes, essas mesmas crianças revelam que favorecem seu próprio grupo e grupos de *status* superior, ao mesmo tempo em que desdenham de membros de outros grupos, particularmente os que têm menos prestígio

(Sendo específico: os sujeitos respondem mais rapidamente quando são associados rótulos positivos aos grupos que eles respeitam e rótulos negativos a grupos que desdenham.) A mesma dissociação entre tolerância aberta e preconceito encoberto foi observada entre crianças dos Estados Unidos e do Japão. Quando se tornam adolescentes ou jovens adultos, sua atitude em relação aos outros está bastante fixada. Excetuando-se circunstâncias extremamente incomuns, a postura em relação a outros grupos tem poucas chances de mudar em seus fundamentos. Não é agradável saber da natureza duradoura do preconceito e dos preconceitos, mas, a menos que identifiquemos e reconheçamos essa tendência penetrante, temos poucas chances de superá-la.

UM AMBIENTE RESPEITOSO E SUAS VARIANTES FALSAS

A tarefa dos educadores torna-se clara: se queremos formar pessoas que respeitem diferenças, precisamos proporcionar exemplos e oferecer lições que estimulem essa postura solidária. Esses exemplos são particularmente cruciais quando as relações de poder entre indivíduos ou grupos parecem ser assimétricas.[6] Os modelos estabelecidos por professores continuam sendo um ponto de partida crucial. Os alunos prestam muita atenção ao modo como os professores tratam uns aos outros, como tratam outros adultos e como tratam os alunos, especialmente os que vêm de um grupo não-majoritário (como uma minoria religiosa ou um grupo de imigrantes recém-chegados). Os conteúdos literários, imagéticos ou experimentais de currículo, selecionados por professores, a forma como esses conteúdos são tratados e, talvez mais importante, os conteúdos que *não* são selecionados ou são prematuramente descartados exercem um efeito poderoso. Consideremos simplesmente as diferenças entre uma sala de aula de maioria branca que leia e discuta com simpatia livros escritos por indivíduos negros e sobre eles e uma sala de aula na qual obras de autores negros nem sejam encontradas. O famoso romancista Saul Bellow não contribuiu para a causa do respeito intercultural quando insultou: "Quem é o Tolstói dos Tutus, quem é o Zola dos Zulus?"[7]

Tratando de disciplinas específicas, não creio que a ciência e a matemática devessem ser tratadas como meio de honrar diferenças entre grupos. Como linguagens universais, deveriam ser interpretadas e ensinadas da mesma forma em todo o planeta. Quando se trata de história, artes, humanidades, contudo, é necessário fazer escolhas claras. A história de um país acaba por ser muito diferente, se for formulada principalmente em termos de considerações políticas, econômicas, sociais ou culturais. Um tratamento histórico da Guerra Civil Espanhola pode visar a uma postura neutra ou demonstrar simpatia pela causa legalista ou pela causa fascista. Acredito que esses tópicos com teor humano devam ser ensinados à luz de um leque de perspectivas. Isso não significa, contudo, que todos os lados em uma disputa sejam dignos de respeito. Pode ter havido razões válidas para os cidadãos alemães apoiarem os nazistas na Alemanha destruída pela depressão da década de 1930, mas não há razão para defender a postura beligerante dos nazistas ao final da década, muito menos a decisão de Hitler e de seus capangas de eliminar judeus e outros elementos "indesejáveis" ou "impuros".

Mensagens de respeito ou desrespeito, tolerância ou intolerância, são apresentadas em toda a sociedade. Muitas lições são tiradas da presença ou ausência de membros de diferentes grupos nos esportes, nos meios de comunicação, na arena política, e ainda mais inferências são feitas à luz dos papéis assumidos por esses membros de grupos e pelas formas nas quais os interesses da maioria ou das elites na sociedade tratam grupos ou indivíduos menos poderosos. Uma empresa pode gabar-se de ter 20% de funcionários de origem africana, mas o visitante ou o recém-contratado em seguida notará se os negros são recepcionistas ou gerentes, se os que estão na sala da diretoria estão servindo ou sendo servidos, quais grupos são apresentados regularmente em propagandas ou apresentações na mídia e quais estão relegados às margens ou são apresentados apenas para públicos restritos.

Eu chegaria a dizer que as medidas verdadeiras de respeito são detectáveis todos os dias, quando, por assim dizer, ninguém está olhando ativamente. É elementar para um político – seja um prefeito, um senador, até mesmo um presidente – dizer que ama todos os seres humanos; é fácil situar minorias em posições visíveis e ser fotografado com elas. O observador cético nota quem são os assessores regulares do político, quem é enviado a reuniões importantes (e não a eventos cerimoniais), com quem o político passa seu tempo mais precioso, faz piadas, joga golfe e compartilha confiança e momentos de intimidade.

Quais são os sinais de falso respeito ou pseudo-respeito? Infelizmente, os sinais de falso respeito abundam. Um tipo muito em voga é a tendência a bajular quando se precisa e desprezar quando não mais se tem necessidade. Muitos indivíduos em posições de poder conquistaram seu *status*, em parte, por causa de suas capacidades de bajular e servir àqueles que já ocupam posições de autoridade, mas, quando são vistos ignorando, agredindo ou depreciando pessoas com menos influência, esses mesmos indivíduos revelam sua falta de respeito verdadeiro pelos outros.

Tive a oportunidade de observar o falso respeito com o passar dos anos. Em algumas ocasiões, formei uma visão positiva de outra pessoa (chamemo-lo de Rex), que agia comigo com muita consideração. Todavia, ao falar com terceiros, ouvi descrições muito desfavoráveis sobre ele. A investigação revela um padrão persistente. Rex e eu estivemos no mesmo nível em uma organização, ou eu fui seu supervisor ou ele queria algo de mim, como uma referência profissional favorável. Por outro lado, as pessoas que se queixavam de Rex eram as que não estavam em posição de ajudá-lo, aquelas que, na verdade, dependiam dele. Lembro-me de casos em que Rex subiu a uma situação superior a mim e, depois, começou a se comportar com muito menos consideração. Esse cenário de "bajular de baixo e desprezar de cima" ensinou-me que Rex é perfeitamente capaz de se comportar de maneira respeitosa quando tem algo a ganhar. Nesse sentido, ele pode ser até mais deplorável do que uma pessoa que apresente desrespeito igual em toda a hierarquia.

Um padrão análogo é observado em indivíduos que sabem como demonstrar respeito em ambientes públicos, mas que recorrem a piadas baseadas em estereótipos ou a coisas piores, quando saem dos holofotes. Neste caso, o respeito surge como algo relacionado ao momento e à situação, em lugar de ser um pressuposto que comanda as relações humanas.

Há, também, o *politicamente correto* – agora uma expressão pejorativa ou irônica. Quando usada nesse sentido, a expressão refere-se ao tipo de prática de falar e agir positivamente em relação a determinado grupo, simplesmente porque esse grupo foi submetido a maus-tratos, e censurar qualquer pessoa que possa dizer algo crítico sobre o grupo. Por sua vez, a atitude *politicamente incorreta* diz respeito à prática de contrariar o politicamente correto, ou seja, de dizer ou fazer deliberadamente alguma coisa crítica acerca do grupo-alvo ou daqueles que o protegem de críticas.

Não é fácil determinar se um caso do que se chama de politicamente correto envolve respeito. Quando alguém age da mesma forma com todos os membros de um grupo, simplesmente em virtude de seu pertencimento e sem esforço para fazer distinção entre cada um, eu não consideraria isso como um sinal de respeito, mas se o comportamento da pessoa em relação aos indivíduos reflete um esforço verdadeiro para ajudar a entender cada pessoa, então eu consideraria o padrão como respeitoso. A atitude politicamente incorreta, por outro lado, envolve o desrespeito em relação ao politicamente correto e àqueles grupos cuja situação os politicamente corretos estão tentando melhorar.

Um indivíduo verdadeiramente respeitoso dá o benefício da dúvida a todos os seres humanos, evitando pensar em termos de grupo o máximo possível. Ele reserva a censura para aqueles que verdadeiramente a merecem, permanece aberto à possibilidade de que seu julgamento possa estar errado e mantém-se alerta para uma mudança de comportamento que, por sua vez, restabeleça um sentimento de respeito em relação àquele outro indivíduo.

Em minha visão, o respeito não deveria acarretar uma suspensão completa do julgamento. Quando uma pessoa age repetidamente de forma desrespeitosa com relação aos outros, ela deve ser responsabilizada; se o desrespeito persistir e se deteriorar para comportamento abertamente anti-social, essa pessoa deve ser afastada. (Em raras ocasiões, um grupo todo pode perder seu direito de ser respeitado.) Mahatma Gandhi insistia em chegar a Hitler e chegou a escrever uma carta ao alemão, chamando-o de "prezado amigo", conclamando-o a mudar suas táticas e prometendo-lhe perdão em troca.[8] Hitler respondeu: "Matem Gandhi e, se isso não bastar para reduzi-los à submissão, matem mais uma dúzia de membros do Congresso [o partido político de Gandhi]".[9] Quando estimula inadvertidamente respostas anti-humanas, o respeito incondicional é contraproducente.

O VALOR DA POSTURA RESPEITOSA

Pode-se ter uma excelente educação científica, matemática e técnica em um ambiente que seja extremamente intolerante. Precisamente, essa situação costuma materializar-se em regimes que sejam fundamentalistas em termos religiosos ou totalitários em termos políticos. Se alguém quer criar indivíduos que sejam respeitosos em relação a diferenças entre grupos, uma demanda do mesmo tamanho coloca-se para a educação nas ciências sociais, nas ciências humanas, nas artes e na literatura. Dito claramente, essa educação não pode se desviar de questões de respeito sob a alegação de estudo disciplinar "puro". Mais do que isso, é necessário confrontar diretamente o valor do respeito, seus custos, e os custos infinitamente maiores do desrespeito (a longo prazo).

Durante os primeiros anos da infância, essas questões são melhor tratadas por meio de experiências nas quais membros de diferentes grupos trabalham juntos em projetos comuns, passam a conhecer uns aos outros em primeira mão, lidam com as diferenças de forma solidária e descobrem que uma perspectiva pode ser diferente sem ser deficiente. Além disso, é importante ler livros, assistir filmes e participar de brincadeiras e simulações em que relações respeitosas entre indivíduos e grupos sejam apresentadas como exemplo e estimuladas. Para que não pareça que o papel do meio carece de importância, permitam-me mencionar um *slogan* que observei em uma recriação, em um museu, de uma sala de aula alemã de 1912. Acreditem ou não, um grande cartaz na parede trazia a legenda (em alemão) "Devemos odiar nossos vizinhos". É de se estranhar que uma guerra mundial tenha começado dois anos depois, com a Alemanha de um lado e vários de seus vizinhos no lado oposto, dos aliados?

Embora seja fácil fazer piadas, as atuais iniciativas na educação dos Estados Unidos, com vistas a dar tempo igual a uma série de feriados religiosos e a heróis prototípicos de diferentes grupos, têm uma motivação positiva. Essas iniciativas têm significado especial para membros de minorias que podem se sentir invisíveis na estrutura de poder de sua sociedade. Mesmo assim, se forem vistas como iniciativas de fachada politicamente correta, ou não se refletirem em comportamentos visíveis no cotidiano, podem mostrar-se inúteis ou mesmo contraproducentes. Membros do grupo majoritário as vêem como gestos inúteis, destituídos de sentido verdadeiro; membros dos grupos minoritários as consideram como esforços paternalistas para comprar o silêncio de possíveis críticas. Tais tensões são predominantes nos países da Europa Ocidental que, nas últimas décadas, absorveram milhões de imigrantes da África, Ásia e das regiões mais pobres do continente. A estabilidade e a saúde psicológica da "velha Europa" dependerá do tratamento dado aos imigrantes, seja ignorá-los, tratá-los com paternalismo ou dar-lhes um lugar verdadeiro em sua nova terra. O terrorismo tem muitas causas, mas, com certeza, um sentimento de alienação profunda no atual local de residência da pessoa é um dos principais.

À medida que se atravessa a etapa intermediária da infância e se entra na adolescência, uma quantidade significativa de tempo deveria ser gasta lidando explicitamente com questões de pertencimento e conflitos de grupo.

Nesse momento, é adequado oferecer cadeiras como *Facing History and Ourselves* (Encarando a história e a nós mesmos). Essa opção muito conhecida do currículo norte-americano geralmente começa com o Holocausto da Segunda Guerra Mundial e avança para tratar de casos de conflito racial e étnico de vários cantos do planeta. Lendo obras da literatura, dissecando a história ou o sistema político de vários países, examinando as produções artísticas de uma região ou discutindo fatos da atualidade, os alunos devem ser colocados cara-a-cara com a forma como os grupos se relacionaram uns com os outros no passado e como podem se conectar produtivamente no futuro.

Permitam-me responder a duas objeções possíveis. Em primeiro lugar, não tenho como garantir que esse tipo de discussão aberta irá gerar mais tolerância. Aliás, o resultado oposto pode prevalecer inicialmente, à medida que os alunos (muitas vezes refletindo o que ouviram em casa, de amigos ou nos meios de comunicação) dão voz a reservas profundas sobre grupos diferentes do seu. Expressar essas visões é um aspecto necessário, embora muitas vezes desconfortável, da aprendizagem. Os judeus não gostam de escutar os preconceitos dos gentios (nem estes recebem bem os preconceitos dos judeus) mas, a menos que essas caricaturas sejam expressas e seus méritos e distorções sejam tratados abertamente, as concepções errôneas vão simplesmente inflamar debaixo da superfície, prontas para ser exploradas por um demagogo.

Em segundo lugar, não quero sugerir que as disciplinas de história, literatura ou economia deveriam ser sacrificadas em nome do estudo das relações de grupos. Sem dúvida, aspectos dessas disciplinas podem e devem ser ensinados com conteúdos "neutros". Algumas facetas das cronologias históricas ou da microeconomia são tão universais quanto a matemática ou a biologia. Porém, é igualmente importante que os educadores incluam em sua instrução disciplinar exemplos claros nos quais as relações entre grupos foram fatores importantes ou mesmo determinantes – como acontece com tanta freqüência nas questões humanas.

Até aqui, discuti o respeito principalmente no contexto dos valores e ambientes da escola, mas é claro que ele é igualmente importante no local de trabalho e na sociedade civil. É evidente que organizações e comunidades funcionam mais efetivamente quando os indivíduos inseridos nelas buscam entender uns aos outros (apesar de suas diferenças), ajudar-se e trabalhar juntos por objetivos comuns. Os exemplos de liderança positiva são fundamentais neste caso, bem como punições claras ao desrespeito, incluindo ostracismo ou demissão. O que não é tão bem compreendido é que o respeito dentro de uma organização é difícil de manter quando os que estão fora dela são considerados inimigos. Afinal de contas, os concorrentes também são humanos e se pode acabar na organização rival. Após a próxima fusão ou aquisição, pode-se muito bem ser absorvido nas entranhas do antigo rival. Conta-se a história de como, em um esforço para motivar seu time de futebol americano, o técnico da Universidade de Harvard certa vez estrangulou um buldogue, que era a mascote da rival, Yale. Espero que essa história seja falsa.

Algumas idéias importantes surgiram de pesquisas realizadas com equipes trabalhando. Em estudos com equipes envolvidas em cirurgia cardíaca, Amy Edmondson e colegas documentaram que o trabalho coletivo bem-sucedido depende mais de habilidades de gestão do que da especialização técnica de seus líderes.[10] Os membros de equipes respondem favoravelmente quando suas sugestões são levadas a sério e quando as reflexões sobre um tema acontecem de maneira colegiada. Escrevendo na mesma linha, David Garvin e Michael Roberts aconselham líderes a ver a tomada de decisões como um processo em lugar de um evento.[11] Os membros de um grupo devem ser estimulados a fazer perguntas uns aos outros, a avaliar os prós e os contras de diferentes alternativas e a defender outras posições além das suas. Essa abordagem milita contra a hierarquia e promove a aceitação da decisão tomada.

Com base em suas próprias experiências como fundador e executivo do Centro de Pesquisas da Xerox em Palo Alto (conhecido pela sigla PARC), John Seely Brown fala diretamente sobre a organização respeitosa.[12] O autor buscou entender por que inovações tecnológicas brilhantes foram lançadas muitas vezes pelo PARC e, mesmo assim, foram rejeitadas regularmente pela cultura da Xerox como um todo, favorecendo os cofres da rival Apple Computer, em lugar da patrocinadora, a Xerox Corporation. Brown concluiu que os inovadores do PARC não entendiam nem respeitavam os engenheiros e administradores da Xerox e a falta de empatia também se manifestava na direção oposta. Esse quadro desanimador começou a mudar quando membros de cada cultura distinta fizeram esforços verdadeiros para entender a outra, em lugar de estereotipá-la. Engenheiros e profissionais de *marketing* assumiram o risco de entrar na cultura do PARC e projetistas e inventores colocaram-se no lugar daqueles encarregados de fechar as contas na matriz. O resultado foi um maior respeito mútuo e, ao fim e ao cabo, melhor desempenho para a entidade Xerox em termos gerais.

O desrespeito já teve seu valor louvado algumas vezes. Em um ensaio deliberadamente provocativo, Rodney Kramer defende os executivos que têm uma atitude dura com seus empregados, que governam através do insulto e da intimidação, em lugar da razão e do estabelecimento de relações de confiança.[13] Kramer sugere que essas táticas têm um valor especial quando é necessário fazer mudanças rápidas em uma organização que anda sonolenta. Ele afirma, ainda, que os empregados muitas vezes acabam por valorizar essas táticas provocativas: as palavras e os atos do intimidador limpam o ar, livramno do que é supérfluo e estimulam esses mesmos empregados a desenvolver uma pele mais resistente. Não duvido que esse tipo de tática possa ser eficaz a curto prazo e que possa até ajudar a reestruturação ocasional, mas, caso se torne a norma, destruirá o tecido de uma organização. A longo prazo, o comando com mão-de-ferro está fadado ao fracasso. Além disso, é muito mais fácil exigir essa postura quando se está de fora do que quando estamos inseridos (mais precisamente, presos) dentro da organização sob estresse, seja uma equipe médica lutando para salvar vidas ou uma empresa em dificuldades de evitar a falência.

É mais fácil inculcar respeito nos primeiros anos de vida, mas, usando a mim mesmo como exemplo, nunca é tarde demais. Duas vezes, nos últimos anos, tive uma reação inicial não-respeitosa em uma situação. Em ambos os casos, estimulado, em parte, por meu trabalho neste livro, mudei de idéia.

Quando ouvi pela primeira vez que um representante do governo francês havia decidido proibir que meninas e mulheres muçulmanas usassem véus e outras vestes religiosas na escola, simpatizei com a regra, afinal de contas, as escolas francesas têm sido determinadamente seculares por duzentos anos e os que as freqüentam devem respeitar esse compromisso não-religioso. Mas, ao avaliar o custo que tem para essas mulheres a privação de uma parte importante de sua religião e entender que os véus não influenciam nas liberdades de outras pessoas, concluí que o respeito deve vir antes de uma norma antiga.

Da mesma forma, quando ouvi falar pela primeira vez na decisão de jornais dinamarqueses de publicar charges críticas a líderes e a práticas muçulmanas, achei que a liberdade de expressão deveria prevalecer, mas quando identifiquei o quanto os muçulmanos sentiram-se atingidos no mundo todo e, mais tarde, tomei conhecimento da violência que se seguiu, reconsiderei minhas inclinações iniciais. As charges são uma forma especialmente maldosa de ridicularizar e insultam particularmente os que não têm familiaridade com essa linguagem. Embora os artistas devam poder desenhar o que quiserem e os editores de jornais devem se sentir livres para criticar toda e qualquer instituição, o dano causado pela publicação das charges parece excessivo e desnecessário. Nem os artistas nem a imprensa livre teriam sofrido indevidamente se as críticas fossem expressas em palavras, em lugar de imagens. Por essa razão, eu continuaria a defender o direito de Salman Rushdie de publicar *Os versos satânicos* e, é claro, a condenar os que lançaram uma fatwa contra ele.

Cito esses exemplos não para insistir em que o respeito deveria sempre se sobrepor a outras virtudes, nem para indicar que minhas mudanças de opinião estavam necessariamente corretas. Em lugar disso, no complexo terreno global em que vivemos atualmente, deveríamos, sempre que possível, dar prioridade ao respeito por aqueles que têm formação e crenças diferentes, esperando que eles retribuam o favor.

O RESPEITO CONTRA TODAS AS PROBABILIDADES

Os muitos aspectos do respeito podem ser alimentados de inúmeras formas. Os que têm disposição filosófica abordam essa esfera por meio do debate sobre moralidade, ética, direitos humanos e obrigações.

Um final feliz desse tipo de abordagem é uma visão de todos os seres humanos como parte de uma única comunidade. (Às vezes, essa universalidade estende-se a todos os animais ou mesmo ao universo sacrossanto de entidades vivas e não-vivas.) Alguns preferem modos empíricos de interação. Essas pessoas têm fome de diversão, emprego ou voluntarismo em relação a uma série de indivíduos, com a esperança de que venham a surgir visões mais nuançadas. Os programas escolares que ensinam tendências filosóficas são promissores. Em um programa desenvolvido na cidade de Nova York, chamado Common Cents, jovens coletam moedas de 5 centavos da comunidade e depois decidem, coletivamente, como alocar esses recursos financeiros. Além disso, indivíduos com potencial para liderança devem ser orientados a usar suas habilidades para promover participações e missões positivas e includentes. Os que têm inclinação para o empreendimento devem ser estimulados a construir organizações que sirvam ao bem comum, em lugar de objetivos mais egoístas, e que recrutem e promovam ações em todo o espectro demográfico. É muito preferível que os jovens juntem-se para construir casas ou apresentar gratuitamente *shows* musicais para os pobres, do que se embriaguem nas ruas ou fumem maconha no porão do vizinho. Os adolescentes têm um potencial para a liderança ou para o empreendimento que pode ser dirigido para fins diversos, que dependem de como os mais velhos – pais, educadores, líderes da comunidade, colegas um pouco mais velhos e maduros – influenciar a forma de como esse potencial é mobilizado.

Nesse contexto, é instrutivo – e chocante – conhecer os participantes da Conferência de Wannsee, em Berlim, em Janeiro de 1942, onde se tomou a decisão de implementar a "solução final". Dos 14 indivíduos que participaram, todos homens, oito tinham diplomas avançados de universidades da Europa Central. Fica claro que anos de estudo não garantem uma mente respeitosa.

Não há fórmula única em que se possa confiar para gerar indivíduos que respeitem os outros. Evidências especialmente valiosas vêm de estudos sobre os chamados resgatadores – os habitantes da Europa ocupada pelos nazistas que, com riscos consideráveis para si próprios, decidiram esconder judeus e outras pessoas perseguidas. Segundo Samuel Oliner, os resgatadores pareciam bastante comuns na superfície, semelhantes a muitos outros que simplesmente observavam e até mesmo a outros que ajudaram ativamente a Gestapo.[14] Um estudo mais acurado revelou diferenças sintomáticas. Eles eram marcados por uma infância na qual seus pais evitaram punições físicas, optando por explicações lúcidas de regras e práticas. Os resgatadores se destacaram de seus concidadãos em valores fortes – muitas vezes, mas não exclusivamente, religiosos – que absorveram de seus pais, uma postura construtiva e otimista que assumiram em relação à vida, sentimentos de conexão com os outros, mesmo os membros de um grupo diferente e, acima de tudo, uma reação intuitiva (na verdade, instintiva) de que aquilo que se estava fazendo aos inocentes era errado e que eles próprios eram agentes capazes, que poderiam (aliás, deveriam) agir para corrigir.

Nos últimos anos, iniciativas interessantes têm sido tomadas por pessoas para ajudar a produzir aproximação entre grupos que por muito estiveram alienados uns dos outros. Alguns tentaram construir pontes por meio de participação conjunta em atividades musicais. Trabalhando com Edward Said, um autor palestino-norte-americano, Daniel Barenboim, pianista e maestro judeu com múltiplas raízes geográficas, estabeleceu a West-Eastern Divan Workshop, uma orquestra formada por jovens músicos israelenses e árabes. Passando o verão no terreno relativamente neutro da Europa Ocidental, esses jovens músicos trabalham juntos em peças do repertório clássico (em sua maioria, europeu). À noite, realizam discussões abertas nas quais debatem questões políticas e culturais sensíveis, com indivíduos do "outro" grupo. Muitas vezes, esse encontro é a primeira vez em que um jovem israelense ou palestino fala com pessoas que até então tinham representado o inimigo.

As atividades musicais durante o dia e de debate de questões difíceis à noite, conjuntamente, têm efeito de aproximar os membros dos dois grupos. Como explicado por Barenboim e Said, "eles estavam tentando fazer algo acerca de uma coisa com que ambos se preocupavam, que os apaixonava ... A transformação desses jovens de uma coisa em outra foi simplesmente impossível de interromper... em questões culturais, se estimularmos esse tipo de contato, podemos ajudar as pessoas a se sentirem mais próximas umas das outras, e isso é tudo".[15]

É claro que uma orquestra com várias dezenas de jovens do Oriente Médio não pode resolver os problemas de uma região que tem sofrido com conflitos durante séculos Além disso, os próprios criadores dessa orquestra eram indivíduos polêmicos, com grande potencial para polarizar apoiadores e críticos. (É de se questionar se eles teriam conseguido o que conseguiram sem colocar de lado as polêmicas.) Como comentou Barenboim, "uma pessoa que esteja determinada a fazer algo construtivo de sua vida deve aceitar o fato de que nem todos vão gostar dela".[16] Ainda assim, o simples ato de criar uma orquestra e uma série de *workshops* voltados à política é corajoso e digno de elogios. Assim como a diplomacia do pingue-pongue que ajudou a quebrar o gelo nas relações sino-americanas na década de 1970, uma aproximação artística pode acabar por ajudar a produzir reconciliação política. Na verdade, durante a semana, em 2005, em que a Faixa de Gaza foi devolvida aos palestinos, a orquestra jovem apresentou-se na cidade de Ramallah e, no verão de 2006, quando Israel e o Hezbollah, do Líbano, bombardeavam-se, a orquestra se apresentou em 13 cidades. Barenboim comentou: "Essa é uma resposta muito pequena aos terríveis horrores da Guerra".[17]

Inspirado nessa iniciativa, mas com um enfoque um pouco diferente, o violoncelista Yo-Yo Ma lançou o Projeto Silk Road (Rota da Seda) em 1998. O propósito artístico do projeto é chamar mais atenção à música das muitas terras que faziam parte da antiga Rota da Seda, uma longa rota comercial intercontinental que era percorrida por milhares de mercadores, do primeiro milênio a. C. ao segundo milênio d. C. Ao tocar música de países como Irã, Cazaquistão, Uzbequistão, Turquia e China, usando compositores e intérpretes dessas terras, Ma e seus colegas esperam ser capazes de transmitir lições importantes sobre a humanidade, como: que não há música puramente original, embora haja tradições artísticas autênticas, que todas as sociedades aprendem umas com as outras, histórica e contemporaneamente, e que de apresentações excelentes de muitas tradições e híbridos musicais podem emanar alegria e entendimento.

Nascido na França de pais taiwaneses, com formação em antropologia, morando nos Estados Unidos, mas viajando pelo mundo continuamente, Ma está ávido para usar o projeto como forma de destacar as afinidades essenciais entre todos os seres humanos. O projeto "espera promover a colaboração e um sentido de comunidade entre músicos, públicos e instituições que tenham em comum uma fascinação com o tipo de imaginação artística transcultural simbolizado pela Rota da Seda".[18] Com metas ambiciosas, o Projeto Rota da Seda está desenvolvendo vários tipos de recursos educativos, elaborados para ajudar os professores e os alunos a aprender sobre partes distantes do mundo, sentir-se confortáveis com os habitantes e as produções artísticas dessas regiões e apreciar a evolução de culturas e o impacto de uma entidade geográfica antiga sobre o mundo de hoje.

Esses dois projetos no campo da música buscam gerar mais entendimento e maior respeito mútuo através de meios basicamente não-verbais. O que dizer de situações em que atos criminosos horrendos foram perpetrados basicamente por um grupo no poder contra outros cidadãos, menos poderosos?

Indicações cruciais vêm de comissões em busca da verdade e de reconciliação que foram estabelecidas nos últimos anos na África do Sul e em dezenas de outras sociedades, a partir da compreensão de duas coisas. Por um lado, atos brutais e imperdoáveis foram cometidos contra membros de um grupo, muitas vezes com base em fatores acidentais, como quem eram seus pais biológicos e onde eles cresceram, por casualidade. (A *limpeza étnica* é um eufemismo, e muitas vezes a realidade é o genocídio.) Por outro lado, se a sociedade onde estão inseridos quiser durar por muito tempo, é fundamental que membros de ambos os grupos – vítimas e algozes – sejam capazes de seguir adiante.[19]

Seguindo os exemplos sagrados de Mahatma Gandhi e Nelson Mandela, membros das partes atingidas devem abjurar as armas reativas da retaliação e a filosofia do "olho por olho", que alimentou ao longo dos séculos um ciclo interminável de violência. Em lugar disso, as vítimas oferecem a dádiva da reconciliação àqueles indivíduos que estejam dispostos a admitir suas ações, desculpar-se por elas, expressar contrição e pedir perdão. Esse perdão nem sempre é possível e quase nunca é fácil de conceder, mas, às vezes, as pessoas conseguem deixar o passado para trás ou, pelo menos, tolerar umas às outras e, na melhor das hipóteses, adquirir algum respeito mútuo.

Ao longo de décadas, essas comissões desenvolveram procedimentos bastante específicos, do ódio à tolerância e, enfim, ao respeito. Os procedimentos variam de uma comissão para outra e de lugar para lugar, mas alguns temas são recorrentes. Em primeiro lugar, as comissões não são tribunais jurídicos ou de guerra, não buscam fazer justiça, e sim dar testemunho do que aconteceu, da forma mais específica e abrangente possível. Inicialmente, representantes da comissão coletam informações gerais. Depois, muitas vezes em audiências públicas, as vítimas são convidadas a contar suas histórias com o maior detalhamento que queiram e possam suportar. A seguir, pede-se aos que causaram danos às vítimas ou a seus parentes (que podem ter sido assassinados) que respondam por suas próprias ações. Na melhor das hipóteses, os algozes respondem candidamente, arrependem-se de suas transgressões, apresentam suas desculpas e buscam o perdão, em uma seqüência de reconhecimento, contrição e perdão.[20] E, em alguns casos, o perdão é realmente concedido pelas partes prejudicadas.

Os membros da comissão ouvem com cuidado os testemunhos, oferecem apoio às vítimas e as fortalecem para que detalhem suas histórias. Como assinalou a estudiosa do direito Martha Minow, os paradigmas são a cura e a compaixão, e não a justiça e o desinteresse.[21] As comissões também apóiam os algozes, se sua participação parece motivada e sincera. Para propósitos contemporâneos e históricos, as comissões visam a documentar o que aconteceu da forma mais completa possível. Em alguns casos, elas inclusive fazem recomendações sobre o que se deveria fazer em um caso específico, por exemplo, conceder anistia ou ordenar reparações, mas sua missão mais ampla é realizar seu trabalho de forma oportuna e depois oferecer orientação sobre como a sociedade pode curar-se e seguir adiante, sem esquecer o passado, mas nunca sendo engolfada e submergindo a este. Em alguns casos, o objetivo é explicitamente político – fortalecer um novo regime e estimular uma democracia nascente, mas ainda frágil, e, algumas vezes, mostrou-se possível a sociedade se curar, pessoas e grupos anteriormente afastados enterrarem suas diferenças e trabalharem lado a lado, inicialmente tolerando e depois respeitando uns aos outros.

Para superar o ódio, a rivalidade, os pesos da história, é fundamental buscar o terreno comum. Para indivíduos que habitam a mesma terra, existe a possibilidade de que estejam unidos pelo que têm em comum em termos de experiências, amores ou aspirações para o futuro. Os que faziam parte de grupos em guerra na ex-Iugoslávia podem redescobrir um amor pela terra, amigos mútuos, até mesmo antigos inimigos mútuos. Habitantes da Irlanda do Norte e da República da Irlanda podem aprender a relevar as diferenças em termos de história e religião e, em lugar delas, valorizar a tradição, a língua e os parentescos em comum. Os rivais presidenciais de longa data John Adams e Thomas Jefferson reconciliaram-se depois de idosos através de um reconhecimento de lutas nas quais estiveram do mesmo lado quando as colônias que hoje formam os Estados Unidos estavam buscando a independência e do orgulho da república que ambos foram importantes para criar. Daniel Barenboim e Edward Said tornaram-se amigos através de seu amor mútuo pela música e de suas aspirações à reconciliação dos povos semíticos.

O respeito pelos outros deve permear a vida das pessoas. A maioria de nós passa grande parte das horas em que estamos acordados trabalhando. Em nosso retrato final, voltamos nossa atenção ao tipo de mente que os indivíduos deveriam apresentar ao buscarem suas vocações e cumprirem seus papéis como cidadãos.

NOTAS

1 Michael Balter, "First Jewelry? Old Shell Beads Suggest Early Use of Symbols", *Science* 23, no. 5781 (2006), p. 1731.
2 W. H. Auden, "September 1, 1939".
3 Margaret Talbot, "The Baby Lab: How Elizabeth Spelke Peers into the Infant Mind", *The New Yorker*, 4 de setembro de 2006.
4 Vivian Paley, *You Can't Say You Can't Play* (Cambridge, MA: Harvard University Press, 1993).

5 Yarrow Dunham, A. S. Baron, e M. R. Banaji, "From American City to Japanese Village: A Cross-Cultural Investigation of Implicit Race Attitudes", *Child Development* (a ser publicado).
6 Sara Lawrence-Lightfoot, *Respect* (New York: Perseus Books, 1999).
7 James Atlas, *Bellow: A Biography* (New York: Modern Library, 2002), p. 574.
8 Robert Payne, *The Life and Death of Mahatma Gandhi* (1969; reimp. New York: Dutton, 1995), p. 412.
9 Niall Ferguson, *Empire* (New York: Penguin, 2004), 335.
10 Amy Edmondson, R. Bohmer, e G. Pisano, "Speeding Up Team Learning", *Harvard Business Review*, outubro de 2001.
11 David Garvin e Michael Roberts, "What You Don't Know About Making Decisions", *Harvard Business Review*, setembro de 2001.
12 John Seely Brown, "Towards Respectful Organization" in *Organizations as Knowledge Systems*, ed. Haridimos Tsoukas e Nikolaos Myolonopoulus (Houndmills, UK: Palgrave Macmillan, 2003).
13 Rodney Kramer, "The Great Intimidators", *Harvard Business Review*, fevereiro de 2006.
14 Samuel Oliner, *Altruistic Personality* (New York: Touchstone, 1992).
15 Daniel Barenboim e Edward W. Said, *Parallels and Paradoxes: Explorations in Music and Society* (New York: Pantheon, 2002), p. 6, 10 e 11.
16 Alan Riding, "Harmony Across the Divide", *New York Times*, 20 de Agosto, 2006, Arts and Leisure, 1.
17 Ibid.
18 Ver www.silkroadproject.org/press/faq.html.
19 Ver Rudy Govier e Wilhelm Verwoerd, "Trust and the Problem of National Reconciliation", *Philosophy of the Social Sciences* 32, no. 3 (2002): p. 187-205; Priscilla B. Hayner, "Fifteen Truth Commissions, 1974–1994: A Comparative Study", *Human Rights Quarterly* 16, no. 4 (1994) p. 597–655; Charles O. Lerche, "Truth Commissions and National Reconciliation: Some Reflections on Theory and Practice", http://www.gmu.edu/academic/pcs/LERCHE71PCS.html; e Martha Minow, *Between Vengeance and Forgiveness: Facing History After Genocide and Mass Violence* (Boston: Beacon Press, 1998).
20 Lerche, "Truth Commissions and National Reconciliation".
21 Minow, *Between Vengeance and Forgiveness*.

6
A mente ética

Em que tipo de mundo gostaríamos de viver se não conhecêssemos nossa posição nem nossos recursos antecipadamente? Falando por mim – mas, creio, não somente por mim – eu gostaria de viver em um mundo caracterizado pelo "bom trabalho": trabalho que seja excelente, ético e envolvente. Por mais de 10 anos, Mihaly Csikszentmihalyi, William Damon e eu temos investigado a natureza do bom trabalho. Particularmente, nós e nossos colegas temos buscado determinar quais fatores contribuem para o bom trabalho, quais militam contra ele e como melhor aumentar a incidência desse bom trabalho. Dado que nossas descobertas iluminam a mente ética, irei descrevê-las com algum detalhe.

Como muito bem entenderam os cientistas sociais fundadores do final do século XIX, o trabalho está no centro da vida moderna. Émile Durkheim apontou o papel indispensável e convincentemente demonstrado da divisão do trabalho nas sociedades complexas; Max Weber descreveu os alicerces religiosos de uma "vocação" que vai além do desempenho superficial e reflete nossa resposta sincera ao chamamento divino; Sigmund Freud identificou o amor e o trabalho como fatores fundamentais para uma boa vida. Convenientemente, a palavra *bom* capta três facetas distintas do trabalho. O trabalho pode ser bom no sentido de ser *excelente* em qualidade – em nossos termos, é altamente disciplinado. Esse tipo de trabalho pode ser bom no sentido de ser *responsável* – leva em conta suas implicações para toda a comunidade na qual está inserido. E pode ser bom no sentido de a pessoa que o realiza se sentir bem – é *envolvente* e dotado de sentido, proporcionando o sustento, mesmo em condições difíceis. Se a educação é preparação para a vida, ela é, em muitos aspectos, a preparação para uma vida de trabalho. Os educadores devem preparar os jovens para uma vida marcada pelo bom trabalho, e o local de trabalho e a sociedade como um todo devem dar apoio ao sustento desse bom trabalho.

Um estudo amplo e ambicioso precisa de um ponto de partida. Decidimos nos concentrar no bom trabalho nas profissões, aqui conceituadas como grupos de trabalhadores com alto nível de formação que realizam serviços importantes para a sociedade. Como retorno por servir de maneira imparcial e exercer julgamento prudente em circunstâncias complexas, os profissionais têm *status* e autonomia. Em nossos estudos até o momento, entrevistamos mais de 200 pessoas, a maioria trabalhando em profissões estabelecidas, como a medicina, o direito, as ciências, o jornalismo e a educação. Nossa amostra também inclui indivíduos que trabalham em esferas não consideradas estritamente como profissões – teatro, filantropia, negócios e empreendimentos sociais. Alguns estão entrando agora na vida profissional, outros estão em meio de carreira, e outros, ainda, são veteranos que não mais trabalham em tempo integral, mas funcionam como guardiões, monitorando a saúde da profissão e intervindo, quando for o caso, para manter essa saúde.

Por meio de entrevistas em profundidade com esses trabalhadores respeitados, buscamos determinar seus objetivos, as forças que facilitam ou prejudicam o avanço em direção a esses objetivos, as formas como eles procedem em circunstâncias difíceis, as influências formativas em seu próprio desenvolvimento e a direção na qual sua profissão avança.[1]

De um lado, é fácil identificar esses profissionais. São pessoas que obtiveram uma licença profissional, buscam educação ampla e, muitas vezes, continuada, participam de muitas reuniões com colegas em seu trabalho e fora dele, e vivem de maneira confortável, quando não com ostentação. Se não agirem segundo os padrões reconhecidos, correm o risco de ser excluídos de sua categoria profissional. Mas é importante destacar que ser reconhecido como membro de uma profissão não é a mesma coisa que agir como profissional. Muitos indivíduos designados como profissionais, que vestem ternos caros, não agem de maneira profissional, seguindo a lei do menor esforço, buscando interesses próprios, deixando de honrar os preceitos e os regulamentos centrais de sua vocação. O trabalho que estão realizando já tem sua qualidade "comprometida". Por outro lado, muitos indivíduos que não têm essa atribuição oficial comportam-se de maneira admirável como profissionais. São habilidosos, responsáveis, dedicados, eles próprios dignos de respeito. (Todos preferimos hotéis, hospitais e colégios que contem com esse tipo de profissional autoproclamado.) A seguir, trato de indivíduos que se comportam como profissionais, independentemente de sua formação: indivíduos leais que personificam a orientação ética de seu trabalho.

Embora nossa pesquisa tenha se concentrado no mundo do trabalho, a mente ética não se limita ao local de trabalho. Acredito que o papel de um cidadão também demande uma orientação ética – a convicção de que nossa própria comunidade deve possuir determinadas características das quais temos orgulho e um compromisso pessoal de trabalhar em direção à realização da comunidade virtuosa. Na verdade, embora uma pessoa possa escolher concentrar-se no local de trabalho ou dedicar energia à comunidade em que está inserida, a postura ética maior engloba ambas as entidades. Essas esferas têm em comum a característica de que o indivíduo deve ser capaz de pensar além da vida cotidiana e conceituar a natureza do trabalho e a natureza da comunidade. Ele precisa levar em conta questões como: O que significa ser advogado/médico/engenheiro/educador na época atual? Quais são meus direitos, minhas obrigações e minhas responsabilidades? O que significa ser cidadão de minha comunidade/minha região/do planeta? Qual é meu dever para com os outros, principalmente com aqueles que, por circunstâncias de nascimento ou de azar, são menos afortunados do que eu?

Conceituada dessa forma, a ética envolve uma postura que é inerentemente mais distanciada do que os relacionamentos cara-a-cara, em termos de tolerância, respeito e outros exemplos de moralidade pessoal. No jargão da ciência cognitiva, a ética envolve uma atitude abstrata – a capacidade de refletir explicitamente sobre as formas com que se cumpre, ou não, um determinado papel. Mais tarde, falarei mais sobre a relação entre respeito e ética.

PONTOS DE APOIO PARA O BOM TRABALHO

A aquisição de uma mente ética fica mais fácil quando se foi criado em um meio onde o bom trabalho é a norma. Assim como reconhecemos culturas (como a China) onde o trabalho disciplinar tem sido cultivado, ou sociedades (como o Vale do Silício, na Califórnia) onde a criatividade tem sido valorizada, podem-se identificar locais que têm se caracterizado pelo bom trabalho. Meu exemplo favorito é a pitoresca cidade italiana de Reggio Emilia, uma comunidade que tenho visitado e estudado por 25 anos. De tudo o que observei com o passar dos anos, Reggio Emilia funciona muito bem. A comunidade é civilizada, oferece serviços de alta qualidade a seus cidadãos e está repleta de apresentações e tesouros artísticos. Nas últimas várias décadas, essa comunidade de pouco mais de cem mil pessoas dedicou uma quantidade inédita de recursos humanos e financeiros ao desenvolvimento de centros para atender a bebês e a crianças pequenas e pré-escolares. Em 1991, a revista norte-americana *Newsweek* chamou essas instituições em Reggio de "as melhores pré-escolas do mundo".[2] Quando os visitantes perguntam o que acontece com os que estudam nessas escolas, os antigos moradores dão esta resposta, curta, mas reveladora: "É só olhar para nossa comunidade". Relembrando o velho termo do *show business*, essa resposta é de "parar o espetáculo".

Não foi por acidente que Reggio Emilia atingiu excelência no trabalho e na comunidade. Está situada em uma região do mundo em que a sociedade civil existe há séculos. Os primórdios dos serviços voluntários na comunidade e grupos culturais podem ser identificados na época medieval.[3] Mas Reggio Emilia não teria obtido distinção em educação na ausência de indivíduos comprometidos que, após a devastação da Segunda Guerra Mundial, uniram-se para criar o tipo de comunidade no qual eles e seus filhos pudessem prosperar. Na verdade, eles se perguntaram: Que tipo de cidadãos queriam produzir?

Tomando um pouco de licença poética, digo que esses líderes de batalhão combinavam, melhor dizendo, sintetizavam, duas visões de mundo que geralmente são conflitantes. Por um lado, adotaram o coração da ideologia socialista – uma sociedade na qual a propriedade não é acumulada de forma agressiva, muitos bens são compartilhados e cada indivíduo trabalha no máximo de suas capacidades. Por outro, funcionam como um monastério ou um convento católico, ou seja, homens e mulheres trabalhando incansavelmente, com pouca recompensa material, para a melhoria da sociedade como um todo. Os moradores de Reggio Emilia conquistam louvores em ética por serem bons trabalhadores e bons cidadãos.[4]

Apoio vertical

Uma orientação ética começa em casa. Quer observem realmente seus pais no trabalho, quer não, as crianças sabem como um deles, ou ambos, trabalham. Elas vêem se seus pais têm orgulho do que fazem, como falam de seus supervisores e colegas, se o trabalho é simplesmente um meio, do qual não gostam ou apenas toleram, de colocar comida na mesa ou se também corporifica sentido e sustento intrínsecos. O trabalho também acontece em casa. As crianças observam seus pais quando estes tomam decisões sobre como manter a casa, o que fazer com consertos necessários ou melhorias opcionais. A forma como os adultos tratam os jogos e brincadeiras também é importante: as crianças notam se os adultos gostam de jogar, se jogam de forma justa, se se esforçam apenas para vencer ou se também encontram sentido e "fluência" no jogo em si, independentemente de ganhar ou perder. Valores religiosos fortes – personificados, além de pregados – podem servir como importantes catalisadores, e as crianças observam seus pais como cidadãos: Eles lêem e falam sobre a comunidade? Votam? Pagam seus impostos de boa vontade? Eles refletem sobre como podem melhorar a comunidade? Arregaçam as mangas e participam ou sua motivação é em grande parte egoísta, e seu envolvimento principalmente retórico?

Os adultos fora de casa também exercem influência. Os pequenos notam o comportamento de parentes, de visitantes e dos trabalhadores que encontram na rua e no mercado: as crianças sabem imitar essas pessoas e o fazem. (Mais tarde, tratarei das influências exercidas por professores.) Uma comunidade como Reggio Emilia oferece um modelo poderoso de como os adultos podem guiar os jovens em uma direção proativa e positiva.

Uma vez que comecem a pensar em uma carreira, os jovens prestam atenção especial aos adultos que estão realizando trabalhos relacionados. Estejam cientes disso ou não, esses adultos servem como modelos de referência vívidos, sinalizam os comportamentos e crenças, as aspirações e os pesadelos dos membros da profissão. Em profissões regulamentadas, indivíduos específicos costumam ser designados como mentores. Dessa forma, estudantes de pós-graduação podem ter orientadores, estagiários de medicina trabalham com residentes-chefes ou médicos seniores, advogados recém-licenciados têm oportunidades de ser assistentes de juízes ou de auxiliar sócios mais experientes. Muitas vezes, ocorre uma seletividade mútua: orientador e orientando se escolhem. A maioria dos trabalhadores jovens aprecia a oportunidade de ter um orientador ou mentor, e os que não têm expressam sua frustração, mas deve-se reconhecer que nem todos os orientadores aproximam-se do ideal; alguns rejeitam seus orientandos e uns poucos oferecem modelos negativos – em nossos termos, eles servem inadvertidamente como "antimentores" ou "tormentores".

Uma formação religiosa pode estabelecer o alicerce para o trabalho de qualidade e a cidadania zelosa. Empresários considerados bons trabalhadores informam que seus valores religiosos orientam-nos em suas práticas cotidianas. Cientistas que se consideram seculares hoje em dia muitas vezes citam sua formação religiosa inicial como importante no desenvolvimento de seus valores e dos padrões de comportamento que adotam. Em comparação, entre jornalistas e artistas, a religião raramente é invocada. A religião surge como uma contribuição possível, mas não essencial, ao bom trabalho. O que importa é uma base ética forte e duradoura, seja qual for seu fundamento.

Lendo ou não o jornal do dia, crianças e jovens não deixam de estar cientes do contexto político no qual vivem. O comportamento (e o mau comportamento) dos poderosos é escancarado na mídia e eternamente comentado nas ruas. Os jovens também observam as posturas assumidas por seus pais em relação a eventos políticos, econômicos e culturais. Eles sabem – ou, pelo menos, sentem – se seus pais votam, em quem eles votam, se suas afiliações políticas vão além do interesse próprio. Igualmente, se os mais velhos sentem-se distanciados ou desdenhosos do contexto político da comunidade, essas atitudes também são absorvidas por seus descendentes.

Apoio horizontal

Na sociedade contemporânea, pares e colegas assumem importância. Desde muito cedo, as pessoas convivem com os que têm mais ou menos a sua idade, são influenciadas pelos comportamentos e crenças desses indivíduos e, especialmente, por aqueles que são considerados de alguma forma mais instruídos, prestigiosos e/ou poderosos. Questiono a afirmação da psicóloga Judith Rich Harris, de que a influência dos pais é pequena em comparação a que é exercida pelos pares. Ela interpreta equivocadamente a situação que caracteriza partes da sociedade atual dos Estados Unidos como uma lei da psicologia evolutiva,[5] mas não discordo quando ela diz que uma das funções mais importantes assumidas pelos pais é a determinação do grupo de pares. Os pais que deixam as amizades totalmente ao sabor do acaso podem estar colocando em risco seus filhos.

A qualidade dos pares revela-se especialmente importante durante a adolescência. Nessa etapa, as pessoas estão fazendo experiências com diferentes opções. Faz uma enorme diferença se o jovem acaba convivendo com indivíduos que se dedicam a servir à comunidade, aos estudos acadêmicos ou a passatempos interessantes, ou com indivíduos envolvidos em atividades sem propósito, anti-sociais ou abertamente criminosas. E, embora em vários casos não haja muitas dúvidas de que a pessoa de pouca idade encontrará seu grupo de pares, em outras situações a atração de grupos contrastantes manifesta-se e fatores sutis determinam qual direção ela acabará por tomar.

Os pares permanecem cruciais à medida que o aspirante a profissional chega ao local de trabalho, seja como aprendiz ou já como empregado. Um código profissional poderoso (como o juramento de Hipócrates), modelos de referência importantes e o senso ético do próprio candidato podem ser todos prejudicados pelos comportamentos dúbios de seus colegas mais próximos. Em nosso estudo com jovens trabalhadores selecionados, concluímos que todos sabiam o que era o bom trabalho e quase todos aspiravam a ele, mas muitos sentiam que era algo supérfluo a que não podiam se dar ao luxo nessa etapa inicial de sua carreira. Segundo suas próprias descrições (que podem ter sido relatórios precisos ou projeções hiperbólicas), seus pares não tinham escrúpulos quando se tratava de atingir o sucesso e tomariam qualquer atalho que fosse necessário. Nossos sujeitos não estavam dispostos a abrir mão de suas próprias chances. E, sendo assim, às vezes com constrangimento, outras com insolência, declararam que também eles fariam o que fosse necessário para marcar seus pontos, mesmo que isso envolvesse simular a verificação das fontes de uma notícia, deixar de realizar um controle necessário em um experimento ou reforçar um estereótipo submetido a ódio em um palco teatral. Uma vez tendo conseguido, é claro, eles se tornariam exemplos de bons trabalhadores. Aqui, estavam diante de um dilema ético clássico: um fim valioso pode justificar um meio duvidoso?[6]

O afastamento dos jovens do sistema político, especialmente nos Estados Unidos, está bem documentado. Muitos não votam; poucos se vêem envolvidos na política. Esse afastamento pode ser ou não associado a uma falta de cidadania. Mais da metade dos adolescentes norte-americanos está envolvida em algum tipo de serviço comunitário e, em algumas faculdades e universidades, o número sobe para dois terços da população estudantil ou mais. Cem milhões de norte-americanos informam fazer algum trabalho voluntário, na maioria das vezes para suas igrejas. Contudo, os mesmos indivíduos que podem dar muito de si para sua comunidade são, muitas vezes, extremamente céticos em relação à cena política, em termos locais e mais gerais. Ao se distanciar, solapam a possibilidade de contribuir para a transformação política. Podemos nos divertir com Jon Stewart, o comediante que virou crítico político, mas suas críticas rígidas não apontam para o caminho da ação positiva. Ralph Nader está mais próximo do alvo quando comenta: "A cidadania não é algum tipo de caso espasmódico, em meio expediente, e sim o dever longo de toda uma vida".[7]

Inoculações periódicas

Suponhamos que os determinantes iniciais do comportamento ético estejam bem alinhados. O jovem observa modelos de referência admiráveis em casa, cerca-se – ou tem a sorte de estar cercado – de pessoas bem-intencionadas e corretas, tem um mentor de valor e seus colegas no primeiro emprego jogam de acordo com as regras. Certamente, está no caminho certo para tornar-se um bom trabalhador. Todavia, não há garantias. Todos os tipos de fatores – da oferta de um emprego altamente lucrativo, mas duvidoso, a práticas inadequadas no trabalho que são toleradas pelo chefe – podem fazer com que o jovem trabalhador saia do caminho ético. Todos os trabalhadores podem se beneficiar de inoculações periódicas. Em alguns casos, essas inoculações serão "doses de reforço", ou seja, exposição a indivíduos e experiências que os relembrem o que significa ser um bom trabalhador.

Quando um médico de meia idade conhece um indivíduo que abre mão de seu consultório bem-localizado e lucrativo para trabalhar em uma emergência na periferia, essa prática pode servir como estímulo para realizar trabalho sem fins lucrativos. Ou quando Aaron Feuerstein, proprietário das lojas Malden Mills, sediadas em Massachusetts, Estados Unidos, mantém seus trabalhadores na folha de pagamento mesmo após o incêndio que destruiu grande parte da empresa, outros proprietários são estimulados a fazer um esforço extra por seus empregados. Entretanto, inoculações "antivirais" também podem ser necessárias quando surgem exemplos negativos. Consideremos os delitos do jovem repórter do *New York Times* Jayson Blair, que destruiu uma carreira promissora inventando histórias e plagiando outras pessoas.

Embora tenham sido destrutivos para ele próprio e – pelo menos por um tempo – para seu jornal, seus comportamentos geraram um reexame saudável das práticas exemplares e dos padrões de edição em toda a profissão do jornalismo. Para citar um exemplo ainda mais famoso, quando a importante firma de contabilidade Arthur Andersen faliu por causa de seus delitos no escândalo da Enron, empresas de auditoria grandes e pequenas reexaminaram suas práticas.

A estas alturas, você, leitor, pode muito bem estar pensando: "Isso tudo soa muito bem, podemos concordar que o bom trabalho é desejável, mas quem julga qual trabalho é bom e qual não é? Qual é a medida e quem a estabelece? Quantas concordâncias encontraríamos, digamos, entre os três políticos norte-americanos Jesse Ventura, Jesse Helms e Jesse Jackson? Ou entre Bill Clinton, Bill Frist e Bill Buckley? E para aumentar a aposta: os nazistas não achavam que estavam fazendo um bom trabalho?"

Eu seria o primeiro a aceitar que não há nenhuma medida 100% segura para avaliar a qualidade do trabalho, mas estou disposto a apresentar candidatas. Um bom trabalhador tem um conjunto de princípios ou valores que consegue declarar explicitamente ou, pelo menos, reconhecer quando questionado. Os princípios são harmoniosos entre si e se somam em um todo razoavelmente coerente. O trabalhador mantém esses princípios em mente todo o tempo, questiona-se se os está seguindo e toma atitudes corretivas quando não estiver. O trabalhador é transparente, até onde é possível, opera abertamente e não esconde o que está fazendo. (Quando o sigilo parecer necessário, ele deve não ser mais do que resistente a um exame crítico no futuro – por exemplo, não classificar indiscriminadamente documentos como secretos.) Mais importante, o trabalhador passa no teste da hipocrisia: cumpre os princípios mesmo quando – ou especialmente quando – eles vão contra seu interesse.

Talvez não haja realmente universais éticos verdadeiros, ou, dito de forma mais precisa, as formas como os princípios éticos são interpretados serão inevitavelmente diferentes em distintas culturas e épocas. Mesmo assim, essas diferenças surgem principalmente nas margens. Todas as sociedades conhecidas assumem como virtudes a sinceridade, a integridade, a lealdade, a justiça; nenhuma endossa explicitamente a falsidade, a desonestidade, a deslealdade e a desigualdade grave.

Alguns leitores podem estar levantando uma outra questão: "Essa conversa sobre bom trabalho tem um tom moralista. Não se pode esperar ter bom trabalho pregando-o ou manipulando outras pessoas. Adam Smith – e Milton Friedman depois dele – tinham o instinto correto. Se deixarmos as pessoas buscarem seu próprio interesse, permitindo que os processos de mercado operem livremente, as conseqüências morais e éticas serão positivas".[8]

Não estou questionando o poder e os benefícios do mercado em qualquer termo absoluto – como muitos outros, fui beneficiado por ele e observei seus dividendos em muitos cantos do planeta – mas não acredito, nem por um minuto, que os mercados venham inevitavelmente a gerar resultados benignos ou morais. Eles podem ser cruéis e, de qualquer forma, são fundamentalmente amorais. Adam Smith, na verdade, tinha uma visão bastante nuançada dos mercados: a moralidade deles pressupunha um certo tipo de sociedade, habitada por atores capazes de ter uma visão de longo prazo, e não de curto prazo. Além disso, quando se afastava de seu enfoque específico sobre as transações, Smith fazia fortes ressalvas: "Certamente não é um bom cidadão aquele que não deseja promover, por todos os meios a seu alcance, o bem-estar de toda a sociedade e de seus concidadãos".[9] Minha posição é bem expressa por Jonathan Sacks, principal rabino da Grã-Bretanha: "Quando tudo o que importa pode ser comprado e vendido, quando os compromissos podem ser rompidos porque não servem mais aos nossos interesses, quando comprar torna-se a salvação e os *slogans* de propaganda passam a ser nossa ladainha, quando nosso valor se mede pelo quanto ganhamos e gastamos, então o mercado está destruindo as próprias virtudes de que depende a longo prazo".[10]

AMEAÇAS A UMA ORIENTAÇÃO ÉTICA

De uma perspectiva, o que ameaça uma orientação ética é simplesmente a inversão dos fatos que engendram o bom trabalho. Posso repassar seus aspectos prontamente. Se, em casa, uma pessoa não tem pais ou responsáveis que personifiquem o comportamento ético, se os companheiros de infância são egoístas, autocentrados ou enaltecem a si mesmos, se se tem um mentor malévolo ou não se tem mentor, se os primeiros colegas de trabalho são dados à lei do menor esforço e se não se dispõe de inoculações periódicas de tipo positivo ou não se consegue tirar lições de exemplos do trabalho que acaba tendo sua qualidade comprometida, as chances de que se venha a apresentar um bom trabalho são mínimas.

Porém, nessa descrição centrada no indivíduo, deixei de fora um ingrediente crucial: a qualidade das instituições. É mais fácil realizar um bom trabalho na comunidade de Reggio Emilia porque os padrões das instituições que a constituem são visivelmente elevados. É mais fácil fazer um bom trabalho naquelas empresas, parcerias profissionais, universidades, hospitais, fundações ou organizações sem fins lucrativos nas quais os líderes – e seus seguidores – esforçam-se para ser bons trabalhadores, escolhem como membros os que demonstram promessas de realizar ou de continuar realizando o bom trabalho e removem, com discernimento, as maçãs podres que ameaçam o resto da cesta.

Entretanto, não é suficiente para uma instituição ter apresentado trabalho ético no passado. Como nos lembra o exemplo de Jayson Blair no *New York Times*, padrões elevados não oferecem qualquer seguro contra trabalhadores indignos que executam trabalho de baixa qualidade. Na verdade, às vezes, a própria reputação de bom trabalho pode inadvertidamente solapar uma instituição. Os veteranos supõem equivocadamente que os que estão ao seu redor compartilham os mesmos valores e, portanto, não têm a diligência necessária para garantir a continuação do bom trabalho. Escrevendo sobre o *New York Times* na onda do escândalo Blair, a jornalista Elizabeth Kolbert disse que esse "jornal com história" não pode se dar ao luxo de fazer verificações sobre seus empregados, tendo que supor que eles são dignos de confiança.[11] Os tablóides sensacionalistas têm menos probabilidades de partir desse pressuposto.

Uma reputação de trabalho ético também pode cegar membros de uma instituição para mudanças nas condições. O escritório de advocacia Hill & Barlow, de Boston, tinha orgulho de sua reputação de um século de trabalho excelente. Mesmo assim, após uma reunião dos sócios majoritários em 7 de dezembro de 2002, a firma fechou as portas de repente. Olhando de fora, parecia que o fechamento se devia principalmente à saída anunciada de um grupo de mesquinhos advogados do ramo imobiliário, que tinham condições de dobrar ou triplicar sua renda anual abandonando sua casa e seus colegas de longa data. Mas um exame mais cuidadoso por parte de minha colega Paula Marshall revelou um quadro diferente.[12] Por três décadas, os membros dessa conceituada empresa prestaram pouca atenção às mudanças na paisagem financeira e em sua base de clientes. Quando, no final dos anos de 1990, os sócios finalmente introduziram um novo sistema de administração, este mostrou-se disfuncional. Os advogados, individualmente, podem ter continuado a praticar suas atividades em alto nível – o primeiro sentido de *bom* – mas não estavam mais sendo responsáveis para com seus colegas e sua comunidade, e muitos deles não viam mais sentido em seu trabalho, os dois últimos sentidos, igualmente importantes, da palavra *bom*. Se um número significativo de sócios tivesse acompanhado as mudanças nas condições e estabelecido uma administração adequada uma ou duas décadas antes, a tradição de trabalho de alta qualidade na advocacia de Hill & Barlow ainda poderia existir. A grande quantidade de conhecimento institucional, a admirável cultura institucional e o potencial para continuar o bom trabalho não teriam desaparecido em um tropeço.

As maiores ameaças ao trabalho ético são apresentadas por tendências mais amplas na sociedade. Durante grande parte do século XX, auditores públicos foram considerados como profissionais independentes que atestavam a validade de registros financeiros de empresas, fossem elas pequenas ou grandes. No início do século XXI, uma série de escândalos contábeis surgiu nos Estados Unidos e em outros países. Descobriu-se que não apenas os profissionais da Arthur Andersen, mas também outros, de importantes firmas, haviam se comportado de maneiras claramente não-profissionais: mantendo vínculos muito íntimos com empresas que deveriam auditorar; fazendo vista grossa para claras violações das leis; aprovando registros que sabiam ser, na melhor das hipóteses, enganosos e, muitas vezes, francamente ilegais; gerando isenções fiscais questionáveis; cruzando rotineiramente a linha entre consultoria e auditoria e às vezes até trabalhando alternadamente entre a empresa e a firma de contabilidade. Esses indivíduos podem ter garantido recompensas financeiras e sentimentos de "fluência" com suas atividades, mas certamente não estavam tendo um desempenho profissional excelente ou ético.[13]

Estudos sobre a profissão de contabilista revelam que os mecanismos de controle que se pensava existir não funcionam mais. Os auditores podem dizer que concordam com os padrões da contabilidade justa e imparcial, mas não levam mais a sério sua lealdade à profissão. Promessas de enormes recompensas financeiras seduziram os que estavam preparados para deixar passar ou mesmo realizar, eles próprios, práticas duvidosas. Novos empregados viram seus superiores cruzando limites, favorecendo os empregados que faziam o mesmo e desencorajando, quando não demitindo, os que poderiam soar o gongo da malversação. O engodo do mercado ficou visível. Na ausência de valores pessoais ou profissionais poderosos e/ou de sanções legais ou regulamentares fortes, muitos membros de uma profissão que um dia foi honrada acabaram tendo seu trabalho seriamente comprometido, quando não patentemente ilegal.

Claramente, no passado recente, o caso mais famoso de comportamento antiético é o apresentado nos anos de 1990 pela gigante do comércio de energia Enron. Como agora se conta em diversos artigos e livros, e em um livro e um filme memoráveis, *The smartest guys in the room*,[14] a Enron apresentava-se como um tipo de empresa, quando a realidade era bastante diferente. Para os investidores e jornalistas que a admiravam, era a corporação do futuro: um grupo de corretores e executivos brilhantes que haviam entendido a operação dos mercados de energia e estavam usando seu conhecimento a serviço dos acionistas e da sociedade como um todo. Em 2000, a Enron era a sétima empresa mais capitalizada nos Estados Unidos, com um valor patrimonial estimado em 80 bilhões de dólares. As palavras do diretor executivo Kenneth Lay eram inspiradoras: "A Enron poderia ter optado por penar apenas no dia de hoje e maximizar lucros. Em lugar disso, escolheu o padrão de uma nova indústria, estabelecendo as regras do jogo a ser jogado no próximo milênio. No final, isso irá beneficiar os clientes, os acionistas da Enron e seus empregados. Que venha o admirável mundo novo".[15] E mais: "A reputação da Enron depende, em última análise, de sua gente, de você e de mim. Mantenhamos essa reputação elevada".[16]

Na verdade, o sucesso da Enron foi obtido por meio de uma cortina de fumaça. Aproveitando-se de regulamentações maldefinidas e da falta de consciência, os executivos conseguiram projetar lucros futuros que não tinham qualquer base na realidade atual. À medida que a posição financeira real da empresa piorava, os executivos criaram empresas-fantasma, fora da contabilidade, que eram cúmplices e deviam apenas à Enron; inventaram mecanismos especiais que ocultavam dívidas; venderam energia que não existia e manipularam o sistema de energia da Califórnia de maneiras que foram extremamente onerosas e prejudiciais aos cidadãos daquele estado e aos empregados de empresas associadas. Para não restar dúvidas sobre o que deu errado, sobram acusações, que se estendem a seu contabilista de longa data, Arthur Andersen, e a muitas instituições financeiras de reputação elevada que entraram em conluio com a Enron em transações sombrias.

Mesmo assim, no centro da enfermidade estavam os valores desprovidos de princípios das principais figuras da empresa, algumas das quais foram condenadas à prisão depois disso. Infelizmente, esses canalhas encontraram muitos co-conspiradores nas fileiras da empresa, na diretoria e em outras organizações de nomes comercialmente conhecidos com as quais faziam negócios. Como costuma ser o caso, as vítimas eram empregados de pouca sorte nas fileiras inferiores, que perderam seus empregos, suas economias de toda a vida, sua confiança nos outros e seu respeito próprio.

UMA EDUCAÇÃO CENTRADA NO BOM TRABALHO

Até a terceira década de vida, os jovens passam mais tempo na escola do que em qualquer outra instituição. Estão mais na presença de professores do que na de seus pais, estão cercados por colegas de aula mais do que por seus irmãos ou pelas crianças do bairro. As instituições formais de educação cumprem um papel fundamental para determinar se um indivíduo está avançando no caminho rumo ao bom trabalho e à cidadania ativa.

Os professores servem como modelos fundamentais. Eles introduzem os jovens a uma profissão vital (ainda que muitas vezes pouco apreciada). As crianças observam o comportamento dos professores, suas atitudes em relação a seus empregos, sua forma de interação com seus supervisores, pares e auxiliares, o tratamento que dão aos alunos e, mais importante, sua reação às perguntas, às respostas e ao produto do trabalho de seus alunos. Já se disse que estudantes de direito formam um conceito duradouro sobre um professor a partir da forma como ele lida com os primeiros momentos de desconforto real em sala de aula. Como nota de otimismo, nossos estudos revelam que, exceto por amigos e parentes, os professores são as pessoas em que os jovens depositam mais confiança. Por sua vez, a maioria dos alunos está envolvida em sua primeira experiência de trabalho. O trabalho escolar consiste em dominar o currículo explícito – sejam as habilidades básicas, as principais disciplinas ou (no futuro visualizado aqui) os contornos mais ambiciosos e mais difíceis de definir do pensamento sintetizador ou criativo. Na maioria das escolas de hoje, o foco está quase que exclusivamente na excelência nessas atividades acadêmicas.

Os educadores podem tornar mais fácil o caminho para uma mente ética chamando atenção para as outras conotações da palavra *bom*. Os estudantes precisam entender *por que* estão aprendendo o que estão aprendendo e *como* se pode dar usos construtivos a esse conhecimento. Como aprendentes disciplinados, cabe a nós compreender o mundo, mas, se queremos ser seres humanos éticos, também é tarefa nossa usar essa compreensão para melhorar a qualidade da vida e do viver, dando testemunho de quando essa compreensão (ou incompreensão) estiver sendo usada de maneiras destrutivas. Essa é uma razão pela qual o serviço comunitário e outras formas de doação são – ou deveriam ser – parte importante do currículo de qualquer escola. Talvez paradoxalmente, quando vêem que o conhecimento pode ter usos construtivos, os estudantes têm mais probabilidades de ter prazer no trabalho escolar e ver nele um sentido em si, adquirindo, assim, as outras facetas do termo *bom*.

Como foi observado, a aptidão para conceituar essas questões depende da habilidade da criança ou do jovem de pensar de forma abstrata sobre si mesmo como trabalhador ou cidadão. Desde muito cedo, é claro, as pessoas são influenciadas pelo que vêem ao seu redor, por aquilo que se recompensa, por aquilo sobre o que se escreve, o que se ignora ou deprecia. Elas certamente podem se envolver em atos que são morais ou imorais e podem muito bem aprender escutando conversas de adultos sobre questões éticas, mas é somente à medida que os anos de adolescência aproximam-se que os estudantes passam a ser capazes de pensar esquemática e analiticamente sobre os contornos dos papéis que um dia virão a adotar. O que significa ser um trabalhador de um tipo ou de outro? O que significa ser um cidadão com um tipo de propensão em relação a outro?

Diferentemente de pessoas de menos idade, os adolescentes conseguem imaginar prontamente distintas possibilidades, experimentar e ver como é ser um advogado escrupuloso ou um inescrupuloso, um cidadão dedicado ou um autocentrado. Eles não se vestem mais como o papai ou a mamãe, e sim vêem a si mesmos como jornalistas ou juízes. É por isso que os adolescentes são mais suscetíveis de assumir visões idealistas ou utópicas, da mesma forma que são presas únicas de uma série de atos imorais simplesmente para ver como é. Com freqüência, esse idealismo é moderado quando entram no mundo real e encontram pressões para ceder e comprometer seu trabalho, mas os "melhores trabalhadores" e os "melhores cidadãos" não deixam que a dificuldade da tarefa os impeça de aplicar seus melhores esforços.

É interessante voltar agora a uma questão mencionada antes: a relação entre respeito e ética. Não pretendo traçar uma divisória clara, nenhuma distância longa, entre essas duas esferas da virtude. É difícil imaginar uma pessoa ética que não respeite as outras, e esses jovens que demonstram respeito para com os outros têm mais probabilidades de se tornar trabalhadores éticos e cidadãos responsáveis. Contudo, é equivocado juntar essas esferas. O respeito (ou o desrespeito) pelos outros começa nos primeiros anos de vida e mantém-se essencialmente como uma questão da forma como um indivíduo pensa sobre as pessoas que encontra a cada dia e como se comporta em relação a elas. A equação é:

Pessoa → Outras pessoas

A ética envolve um passo a mais de abstração, é uma conquista da adolescência e das décadas posteriores. Assumindo uma postura ética, a pessoa pensa sobre si mesma como membro de uma profissão e pensa sobre como essas pessoas deveriam comportar-se ao cumprir esse papel; ou se vê como cidadão de um lugar, uma região ou do mundo e pergunta-se como essas pessoas devem se comportar ao cumprir esses papéis. A equação, e a forma como um papel deve ser desempenhado em instituições ou ambientes apropriados, é:

Pessoa → Papel

O filósofo Peter Singer capta bem a distinção:

Se estamos em busca de um propósito mais amplo do que nossos interesses, algo que venha a permitir que vejamos nossas vidas com um sentido maior do que os limites de nossos próprios estados conscientes, uma solução óbvia é assumir o ponto de vista ético. Esse ponto de vista... requer que se vá além de um ponto de vista pessoal, para o de um espectador imparcial. Dessa forma, olhar as coisas eticamente é uma maneira de transcender nossas preocupações voltadas para dentro e nos identificar com o ponto de vista mais objetivo possível – nas palavras de Sidgwick, com "o ponto de vista do universo".[17]

Dois exemplos podem ser úteis neste caso, um pessoal e humilde, e o outro exaltado e dotado de significado histórico. Apoiei Lawrence Summers na primeira vez em que foi presidente da Universidade de Harvard, em julho de 2001. Admirava suas realizações, gostava dele pessoalmente e respeitava o cargo que ele ocupava. Nos anos que se seguiram, entretanto, vi muitos casos nos quais ele desrespeitou indivíduos e prejudicou a instituição que eu valorizava. Inicialmente, como muitas outras pessoas, tentei lhe dar conselhos que pudessem ajudá-lo a ser um presidente mais eficaz; no entanto, por alguma razão, esses conselhos não tiveram efeito. No início de 2005, tomei a decisão pessoalmente dolorosa de me opor a ele publicamente e aconselhá-lo, em particular, a renunciar. Ao tomar essa decisão, tive que calar meus sentimentos pessoais por Summers e meu respeito pelo cargo que ele então ocupava. Em lugar disso, coloquei-me uma questão ética: como cidadão de longa data da comunidade de Harvard, qual era a coisa certa a fazer? Ao custo de um pouco de amizade e acarretando muita angústia pessoal, escolhi seguir o que me parecia ser o caminho ético – na frase de Albert O. Hirschman, "que a voz triunfe sobre a lealdade".[18]

Desde cedo em sua infância, Abraham Lincoln sentia-se muito desconfortável com a escravidão. Nunca teve escravos e não queria que eles existissem em qualquer parte de seu país. Durante suas campanhas para o senado e para a presidência, assumiu uma posição pública contrária à escravidão e sofreu forte oposição de proprietários de escravos e de outros que eram simpáticos à situação ou que se opunham à intervenção federal nas questões de um estado soberano. Muitos esperavam que, uma vez no cargo, Lincoln avançasse rapidamente para proibir a escravidão e emancipar os escravos, mas ele não o fez. Na verdade, por muitos anos, concentrou-se na manutenção da união, independentemente da situação dos escravos. Como escreveu ao editor Horace Greeley, de Nova York, "Declarei meu propósito em vista do dever oficial e não tenho intenção de modificar meu desejo, tantas vezes expresso, de que todos os homens, em todas as partes, possam ser livres".[19] Refletindo mais sobre sua própria situação, Lincoln escreveu ao editor Albert Hodges, do estado de Kentucky:

> Sou naturalmente contrário à escravidão. Se a escravidão não estiver errada, nada estará. Não consigo me lembrar de algum momento em que não tenha pensado assim, e assim sentido. E, contudo, nunca fui da opinião de que a Presidência me conferia um direito irrestrito de agir oficialmente com base nesse julgamento e nesse sentimento. O juramento que prestei dizia que eu iria, da melhor maneira que pudesse, preservar, proteger e defender a constituição dos Estados Unidos. Eu não poderia ter assumido o cargo sem fazer esse juramento, nem pensava que poderia fazer um juramento para assumir o poder e quebrá-lo usando esse poder.[20]

Em termos da análise atual, Lincoln optou por suspender seu próprio respeito pessoal por indivíduos de todas as raças para cumprir seu papel ético como líder eleito de uma nação. Mais tarde, é claro, ele concluiu que seu papel como preservador da união incluía a emancipação dos escravos. Ao fazê-lo, alinhou mais de perto as esferas do respeito e da ética.

Nenhuma fórmula mágica garante uma mente ética. Nossos estudos mostram que o bom trabalho tem mais probabilidades de surgir quando todas as partes envolvidas em uma profissão querem a mesma coisa. Por exemplo, no final dos anos de 1990, geneticistas nos Estados Unidos tiveram uma relativa facilidade de realizar um bom trabalho porque quase todo mundo buscava os mesmos dividendos nessa área: melhor saúde e vida mais longa. Em comparação, jornalistas e contadores, acuados profissionalmente, tiveram dificuldades de realizar esse bom trabalho. O desejo do jornalista de realizar reportagens objetivas e cuidadosas chocava-se com a fome de sensacionalismo da sociedade e o desejo dos donos de veículos de comunicação de obter lucros cada vez maiores. A oportunidade do contador de garantir recompensas financeiras chocava-se com as convicções da profissão e a exigência dos acionistas (e da sociedade) de ter relatórios escrupulosamente precisos.

O bom trabalho também é mais fácil de realizar quando o trabalhador está cumprindo um único papel ocupacional e sabe exatamente o que esse papel implica ou não. Quando os médicos se vêem entre servir aos pacientes e atender às demandas de sua organização de saúde, é muito mais provável que o trabalho acabe por ser comprometido. O biólogo que trabalha todas as manhãs em pesquisas financiadas pelo governo na universidade deve tomar cuidado para não comprometer o cânone científico da sinceridade quando for, todas as tardes, para a empresa privada de biotecnologia, na qual ele é o presidente do conselho de assessores científicos e um grande acionista. Os alunos sentem se seus professores estão apresentando o que eles crêem que seja importante ou apenas cumprindo a mais recente diretriz do diretor, do estado ou do país. Em termos gerais, faz muita diferença se os vários grupos de interesses com algo em jogo nesse trabalho estão em harmonia ou em conflito e se determinados modelos de referência estão confiantes em relação ao papel que estão cumprindo e resistem a assumir papéis que imponham ordens contraditórias.

O caminho do bom trabalho é muito mais difícil de determinar quando as várias partes não estão alinhadas. Voltando aos meus dois exemplos, os objetivos e os meios do reitor Summers – ainda que estivessem bem intencionados – estavam cada vez menos alinhados com os de grandes partes do corpo docente de Harvard, de forma que o caminho ético dos membros desse corpo ficou difícil de discernir. Na mesma linha, Lincoln oscilou durante anos com relação à situação dos escravos em seu país, até que finalmente concluiu que a preservação da união exigia a sua emancipação. Atualmente, quase todos concordam que ele fez a coisa certa – mas pagou com a vida, e os ecos de sua decisão podem ser ouvidos até hoje.

Na onda de escândalos em muitos locais de trabalho, há uma demanda permanente por cadeiras de ética. Certamente, as instituições encarregadas de formar indivíduos em gestão e nas profissões precisam responder a essa demanda. Assim como muitas faculdades de direito, várias faculdades de administração têm considerado a formação de gestores como uma questão puramente técnica e têm se contentado em ignorar questões éticas ou fornecer uma única cadeira paliativa, muitas vezes eletiva, no último semestre. A apresentação de casos de comportamento ético e antiético, a inserção de preocupações éticas no currículo, o fornecimento de modelos de referência que se comportem eticamente e a sanção aos que não o façam são empreendimentos importantes para uma instituição que se dedique à formação de futuros membros do mundo empresarial.

Mas o pressuposto da maior responsabilidade por parte das faculdades de administração não isenta, de forma alguma, as próprias empresas. Os empregados escutam o que dizem seus líderes e, ainda mais cuidadosamente, observam o que esses líderes fazem. Há uma diferença palpável entre James Burke, o diretor executivo da Johnson & Johnson, que retirou imediatamente do mercado todos produtos Tylenol durante o susto da década de 1980, e os executivos da Coca-Cola/Bélgica em 1990 ou da Merck/EUA no início dos anos de 2000, que negaram haver qualquer problema com seus respectivos produtos (refrigerantes, medicamentos) até ser confrontados com os protestos da mídia e com o desconforto da população em geral.

O caso da Lockheed Martin, como relatado pelo eticista Daniel Terris, é educativo nesse aspecto.[21] Na esteira dos escândalos empresariais da década de 1970, essa empresa, como muitas outras, criou um departamento de conduta ética e empresarial. Tendo sido bastante ocioso no princípio, o departamento ganhou simpatia e eficácia quando desenvolveu interessantes jogos relacionados ao ramo de negócios, baseados no personagem de tiras Dilbert; a companhia exigia que todos os funcionários passassem pelo menos uma hora por ano em formação em ética. Em termos positivos, essa intervenção elevou a consciência dos funcionários em relação a questões éticas no local de trabalho e pode muito bem ter dado brilho a sua integridade pessoal, mas, como indica Terris, o programa de ética que ele estudou fica muito aquém de enfrentar as questões de políticas e estratégias empresariais. Não trata de práticas de emprego, justiça no local de trabalho, salários de executivos ou relações raciais e étnicas, muitos menos o envolvimento da Lockheed Martin em todos os tipos de operações secretas de defesa, incluindo algumas cuja solidez ética pode ser questionada. É de se perguntar como esse tipo de programa teria se saído na Enron ou na Arthur Andersen.

No final, a pessoa tornar-se ou não um bom trabalhador depende de sua disposição ou não para realizar um bom trabalho e tentar chegar a esse fim quando a coisa aperta. Consideramos útil invocar as quatro placas de sinalização no caminho que leva à conquista do bom trabalho.

1. *Missão*. Seja na escola, depois da escola ou no local de trabalho, um indivíduo deveria especificar o que está tentando obter com suas atividades – nos termos que temos usado, que objetivos estão impregnados no papel que ele está cumprindo. Sem conhecimento explícito dos próprios objetivos, é provável que a pessoa permaneça sem direção ou tome o rumo dos problemas.
2. *Modelos*. É muito importante ter contato – de preferência de forma direta ou, pelo menos, por meio de texto ou de outras mídias – com indivíduos que personalizem, eles próprios, o bom trabalho. Na ausência desses modelos, o jovem trabalhador tem dificuldades de saber como proceder. De vez em quando, os modelos de referência negativos também proporcionam as advertências necessárias.
3. *Teste do espelho – versão individual*. O aspirante a bom trabalhador deve, de tempos em tempos, olhar no espelho, sem cerrar os olhos, e ver se está procedendo de maneiras que ele próprio aprova. A pergunta a se fazer é: "Estou sendo um bom trabalhador – e, caso não esteja, o que posso fazer para me tornar um bom trabalhador?" Como todos nós estamos sujeitos ao auto-engano, é importante que outros indivíduos informados e sinceros sejam consultados nessa questão. Dois consultores que podem valer a pena são a mãe da pessoa ("Se ela soubesse tudo o que eu estava fazendo, o que pensaria?") e o editor do jornal local ("Se ele soubesse tudo e publicasse, eu ficaria orgulhoso ou constrangido?").
4. *Teste do espelho – responsabilidade profissional*. Inicialmente, os jovens trabalhadores precisam prestar atenção a suas próprias almas. Por fim, con-

tudo, isso não é suficiente. Mesmo que a pessoa esteja fazendo um bom trabalho – para a empresa de contabilidade Arthur Andersen, para o jornal *The New York Times* ou para o escritório de advocacia Hill & Barlow – isso não bastará se seus colegas estiverem se comportando de maneira antiprofissional. Com o pressuposto de autoridade e maturidade vem a obrigação de monitorar o que nossos pares estão fazendo e, quando necessário, chamá-los às suas responsabilidades. Como declarou o dramaturgo francês do século XVII Jean-Baptiste Molière, "somos responsáveis não apenas por aquilo que fazemos, mas pelo que não fazemos".

Em nossa pesquisa, temos feito experiências com várias intervenções voltadas a estimular o trabalho ético. Para jornalistas em meio de carreira, elaboramos um currículo ambulante. Repórteres, editores e donos de meios de comunicação têm colaborado na produção de soluções para problemas verdadeiros (por exemplo, como realizar uma cobertura justa de uma questão na qual haja interesses do veículo de mídia em jogo) e compartilham as estratégias mais promissoras com seus colegas. Para líderes no campo da educação superior, elaboramos medidas para os objetivos e missões distintos dos vários interessados, de alunos a ex-alunos; estamos desenvolvendo formas de ajudar esses interessados a trabalharem juntos sinergicamente para um maior alinhamento dentro da instituição. E, para estudantes do ensino médio, preparamos um *kit* de ferramentas com amostras de dilemas (por exemplo, o que fazer quando o sustento financeiro da atividade de um estudante depende de sua subserviência a uma política duvidosa da escola patrocinadora). Os estudantes refletem sobre esses problemas, discutem soluções possíveis e pensam sobre como irão se comportar quando eles próprios se depararem com esses dilemas no trabalho, em 5 ou 10 anos (ver www.goodworkproject.org).

Pais, professores e outros adultos do bairro não podem proporcionar orientação direta para o trabalho, porque não têm como prever os empregos que seus alunos terão no futuro, muito menos o dilema no qual o futuro trabalhador pode se encontrar. (Observe os paralelos com a educação disciplinar, na qual a compreensão de um estudante é avaliada de forma mais confiável administrando-se a ele problemas desconhecidos.) Mas esses indivíduos podem servir de modelos de trabalhadores éticos, em termos gerais, e podem ajudar a dar exemplos e definir essas posturas éticas que deveriam ser úteis em diversos locais de trabalho. Os professores nas faculdades e os tutores designados têm conhecimento muito mais relevante, mas, muitas vezes, os alunos têm contato apenas passageiro com esses adultos e, quando isso acontece, podem já ter embarcado em uma trajetória ética ou antiética que provavelmente irá durar toda a vida. Nem todas as pessoas têm a sorte de morar em uma comunidade como Reggio Emilia ou trabalhar em uma instituição que corporifique o bom trabalho.

Por todas essas razões, é especialmente importante que o jovem que está crescendo comece a pensar em termos de missões, modelos e espelhos. Se essas considerações tornarem-se parte de sua arquitetura mental (hábitos da mente) e se ele estiver preparado para mudar de rumo quando for orientado a isso, será capaz de assumir a principal responsabilidade para a qualidade de seu trabalho: sua excelência, sua consistência ética, seu sentido. A reflexão constante e uma consulta ampla estão na ordem do dia. E pode ser que um dia, tendo sido um bom trabalhador, ele possa se tornar uma referência para outros em sua profissão e em seu planeta. Ele pode ajudar a garantir bom trabalho nas gerações seguintes contribuindo, assim, para o formato de um mundo no qual nossos descendentes queiram viver.

Em junho de 2005, perguntei ao violoncelista Yo-Yo Ma o que ele considerava como bom trabalho em seu papel de intérprete musical de destaque. Depois de muita reflexão, Ma expôs três obrigações distintas: (1) apresentar um repertório com a maior excelência possível, (2) ser capaz de trabalhar conjuntamente com outros músicos, especialmente em condições em que se tenha que agir rapidamente, desenvolvendo o entendimento e a confiança necessários, (3) transmitir seu conhecimento, suas habilidades, seu entendimento e sua orientação às gerações seguintes, de forma que a música, como ele a aprecia, possa durar.[22] Vindo de alguém que, em si, é um dos melhores exemplos de bom trabalho que conheço, essa elegante formulação tem significado especial.

Embora desenvolvida com referência no local de trabalho, nossa análise se presta prontamente para o papel de um indivíduo como cidadão. Neste caso, mais uma vez, vê-se a necessidade de desenvolver a capacidade de pensamento abstrato. O aspirante a bom cidadão pergunta qual é a missão de sua comunidade e como ela pode ser melhor cumprida, quais são os modelos de referência positivos e negativos para participação na comunidade, até onde pode se olhar no espelho e sentir que cumpriu seu papel como cidadão e como pode ajudar a estimular a cidadania entre os outros membros da comunidade. Talvez esse tipo de boa cidadania tenha sido mais fácil de obter na ágora da antiga Atenas, nas *piazzas* da Bolonha medieval ou nas pequenas cidades da Nova Inglaterra do século XIX, mas a necessidade desse tipo de cidadania permanece tão importante quanto sempre foi. Mais do que isso, em um momento em que os Estados Unidos estão conclamando outras sociedades a adotar instituições democráticas, convém a nós dar o exemplo de uma cidadania engajada. Caso contrário, os defensores da "democracia em outros lugares" aparecem ao resto do mundo simplesmente como hipócritas. O bom trabalho pode começar no centro do indivíduo, mas, ao fim e ao cabo, deve se estender ao local de trabalho, ao país e à comunidade global.

NOTAS

1 Howard Gardner, Mihaly Csikszentmihalyi, e William Damon, *Good Work: When Excellence and Ethics Meet* (New York: Basic Books, 2001). Online em www.goodworkproject.org. Publicado pela Artmed sob o título: *Trabalho qualificado: quando a excelência e a ética se encontram.*
2 "The Ten Best Schools in the World and What We Can Learn from Them," *Newsweek*, 2 de Dezembro 1991, p. 50–59.
3 Robert Putnam, Robert Leonardi, e Raffaella Nanetti, *Making Democracy Work* (Princeton, NJ: Princeton University Press, 1994).
4 Carolyn Edwards, Lella Gandini, e George Forman, eds., *The Hundred Languages of Children* (Norwood, NJ: Ablex, 1993). Harvard Project Zero, *Making Learning Visible* (Reggio Emilia, Italy: Reggio Children Publishers, 2001).
5 Judith Rich Harris, *The Nurture Assumption* (New York: Free Press, 1999).
6 Wendy Fischman, Becca Solomon, Deborah Greenspan, e Howard Gardner, *Making Good: How Young People Cope with Moral Dilemmas at Work* (Cambridge, MA: Harvard University Press, 2004).
7 Transcrição de entrevista com Steve Skowron, transmitida ao autor em 10 de junho de 2005.
8 Compare essa postura com John Hasnas, *Trapped: When Acting Ethically Is Against the Law* (Washington DC: Cato Institute, 2006).
9 Citado em Peter J. Dougherty, *Who's Afraid of Adam Smith? How the Market Lost Its Soul* (New York: Wiley, 2002), p. 6.
10 Ibid., frontispício; J.Sacks, *To Heal a Fractured World: The Ethics of Responsibility* (New York: Shocken), 2005.
11 Elizabeth Kolbert, *New Yorker*, 30 de junho, 2002.
12 Paula Marshall, "Facing the Storm: The Closing of a Great Form" (artigo preparado para o Projeto Good Work Project, Cambridge, MA, 2004).
13 Debbie Freier, "Compromised Work in the Public Accounting Profession: The Issue of Independence" (artigo preparado para o Projeto Good Work Project, Cambridge, MA, 2004).
14 Bethany McLean e Peter Elkind, *The Smartest Guys in the Room* (New York: Viking, 2004).
15 G. William Dauphinais e Colin Price, eds., *Straight from the CEO* (New York: Simon and Schuster, 1998), p. 257.
16 Citado em "Summer Jobs", *New Yorker*, 4 de julho de 2005, p. 30.
17 Peter Singer, *Practical Ethics* (New York: Cambridge University Press, 1999).
18 Albert O. Hirschman, *Exit, Voice, and Loyalty* (Cambridge MA: Harvard University Press, 1970).
19 Citado em Ronald White, *The Eloquent President* (New York: Random House, 2005), p. 150.
20 White, *The Eloquent President*, p. 260.
21 Daniel Terris, *Ethics at Work* (Waltham, MA: Brandeis University Press, 2005).
22 Yo-Yo Ma, comunicação pessoal com o autor, 23 de Junho de 2005.

7

Conclusão
Rumo ao cultivo das cinco mentes

O projeto apresentado neste livro é ambicioso, até mesmo grandioso. Algumas vezes, eu me senti sufocado pelo desafio de desenvolver esse quinteto de mentes e depois orquestrar sua interação harmônica em uma pessoa (ou uma população) que vive em nosso mundo global. Mesmo assim, pareceu valer a pena. É melhor que uma meta exceda nosso alcance do que ter um objetivo muito reduzido ou muito estreito.

Agora, chegou a hora de avaliar – repassar as principais afirmações e esclarecer algumas questões que permanecem abertas. Neste livro, falei muito de síntese. Não hesitei em elogiar algumas delas, enquanto expressava reservas acerca de outras. Dessa forma, o desafio da síntese está em minhas mãos. Na série de quadros a seguir, de configuração semelhante, recapitulo as principais características de cada tipo de mente. Após, discuto alguns dos obstáculos à formação dessas mentes, especulo sobre a ordem em que elas devem ser desenvolvidas e depois apresento sugestões sobre como o conjunto de mentes pode ser melhor cultivado.

A MENTE DISCIPLINADA

Empregar as formas de pensamento associadas a importantes disciplinas acadêmicas (história, matemática, ciências, arte, etc.) e importantes profissões (direito, medicina, gestão, finanças, etc., bem como ocupações e ofícios); ser capaz de se aplicar de forma diligente, melhorando permanentemente e continuando além da educação formal.

Exemplos (educação formal). Dominar história, matemática, ciências e outros temas fundamentais; completar a formação profissional.

Exemplos (local de trabalho). Continuar o domínio do(s) próprio(s) papel(éis) profissional(ais) ou do emprego, incluindo a aquisição de mais capacidade de discernimento disciplinar ou interdisciplinar.

Período de desenvolvimento. Começa antes da adolescência, continua como aprendizagem durante a vida toda.

Pseudoformas. Garantia de domínio antes de cerca de uma década de prática; seguir rigidamente os procedimentos sem uma compreensão do propósito e dos limites da disciplina e das áreas em que o pensamento precisa ser flexível, pois o conhecimento convencional é inadequado; falsificar a própria preparação ou desempenho.

A MENTE SINTETIZADORA

Escolher as informações cruciais entre a enorme quantidade disponível; organizar essa informação de maneiras que façam sentido a si e a outros.

Exemplos (educação formal). Preparar-se para trabalhos e provas na escola, organizando os conteúdos de maneiras que sejam úteis a si e a outros (especialmente a quem dá a nota!).

Exemplos (local de trabalho). Reconhecer novas informações/ habilidades que sejam importantes e depois incorporá-las à sua base de conhecimento e ao seu repertório profissional.

Período de desenvolvimento. Começa na infância, nas melhores circunstâncias; torna-se mais intencional com o passar do tempo; continua para sempre à medida que o novo conhecimento acumula e precisa ser digerido e organizado.

Pseudoformas. Selecionar conteúdos ao acaso; oferecer integrações que não resistam a exame minucioso, seja o seu próprio ou de outras pessoas informadas; organizar estruturas inadequadamente; falta de postura organizadora; resumos que apresentam "aglomeração" ou "divisão" detalhista, exageradamente grandiosa.

A MENTE CRIADORA

Ir além do conhecimento e das sínteses existentes para propor novas questões, oferecer novas soluções, realizar trabalhos que levem mais longe gêneros atuais ou configurem novos; a criação parte de uma ou de mais disciplinas estabelecidas e requer um "campo" informado para fazer julgamentos de qualidade e aceitabilidade.

Exemplos (educação formal). Ir além de exigências da aula, para apresentar novas questões; produzir trabalhos escolares inesperados e adequados.

Exemplos (local de trabalho). Pensar fora da caixinha – apresentar recomendações para novas práticas e produtos, explicá-las, buscar aprovação e realização; para um líder, formular e buscar novas visões.

Período de desenvolvimento. A personalidade robusta começa a se desenvolver cedo – questionamentos informados à ortodoxia precisam de um domínio pelo menos parcial do pensamento disciplinado e sintetizador.

Pseudoformas. Oferecer inovações aparentes que sejam variações de conhecimento há muito existente ou desvios radicais que possam ser novos, mas que acabem não sendo aceitos pelo campo instruído.

A MENTE RESPEITOSA

Responder de forma simpática e construtiva a diferenças entre indivíduos e entre grupos; buscar entender e trabalhar com aqueles que são diferentes; ir além da mera tolerância e da atitude politicamente correta.

Exemplos (educação formal). Buscar entender e trabalhar efetivamente com pares, professores e funcionários, sejam quais forem suas origens e pontos de vista.

Exemplos (local de trabalho). Trabalhar efetivamente com pares, supervisores, funcionários, independentemente de suas origens e situação; desenvolver capacidade de perdoar.

Período de desenvolvimento. Um ambiente de apoio deve estar presente desde o nascimento; na escola, no trabalho, na mídia, os modelos de referência (positivos e negativos, reconhecidos como tal) são fundamentais.

Pseudoformas. Exibir mera tolerância, sem qualquer esforço para entender e trabalhar bem com outros; reverenciar os que têm mais poder e *status,* enquanto depreciam, desconsideram, ridicularizam ou ignoram os menos poderosos; comportar-se de forma reativa em relação a um grupo inteiro, sem prestar atenção às qualidades de um indivíduo específico.

A MENTE ÉTICA

Abstrair características cruciais de seu papel no trabalho e como cidadão e agir de forma coerente com essas conceituações; esforçar-se para realizar bom trabalho e boa cidadania.

Exemplos (educação formal). Refletir sobre seu papel como estudante ou como futuro profissional e tentar cumprir esse papel de maneira adequada e responsável.

Exemplos (local de trabalho). Conhecer os valores centrais de sua profissão e buscar mantê-los e transmiti-los, mesmo em épocas de mudanças rápidas e imprevisíveis; com a maturidade, adotar o papel de guardião, que assume como timoneiro de uma esfera e está disposto a dizer o que pensa, mesmo com custos pessoais; reconhecer suas responsabilidades como cidadão de sua comunidade, sua região, seu país e seu mundo, agindo a partir dessas responsabilidades.

Período de desenvolvimento. Quando chega a época em que a pessoa consegue pensar de maneira conceitual, abstrata, sobre o papel de um trabalhador e de um cidadão; agir de forma ética pressupõe força de caráter; pode exigir relações de apoio de tipo horizontal e vertical, bem como inoculações periódicas.

Pseudoformas. Pregar uma conduta boa e responsável, mas deixar de personificar esse rumo em suas próprias ações; praticar ética em uma arena pequena enquanto age de forma irresponsável na esfera mais ampla (ou vice-versa); comprometer-se com o que é adequado a curto prazo, e não com o que é a longo prazo.

RESISTÊNCIAS E OBSTÁCULOS

Mesmo sendo pertinente, minha concepção das cinco mentes para o futuro não será fácil de atingir. As pessoas relutam em alterar práticas com as quais foram criadas e com as quais já estão confortáveis demais. As resistências e os obstáculos provavelmente assumirão várias formas:
- *Conservadorismo.* Estamos nos saindo perfeitamente bem com a educação tradicional e práticas de trabalho antigas – por que mudar?
- *Modismo.* Visionários e sábios estão sempre clamando por algo novo. Por que devemos acreditar que essas cinco mentes são melhores do que clamores anteriores por outros tipos de mentes?

- *Riscos ocultos.* Quem conhece os riscos ocultos desse sistema? Talvez a criatividade excessiva escorregue para a anarquia. Talvez o respeito ingênuo ou malsituado nos transforme em alvos fáceis para terroristas.
- *Impotência.* Esses objetivos soam bem, mas não sei como atingi-los e não saberei como avaliar se estão mesmo sendo concretizados. Mostre-me o que fazer e não espere que eu simplesmente aceite.

Qualquer um que busque desenvolver mentes deve tirar um tempo para descobrir e tentar entender essas resistências, mas, como regra geral, não se deve confrontá-las diretamente, pois essa atitude geralmente engendra uma postura defensiva. Faz mais sentido começar com áreas em que um grupo-alvo se sente insatisfeito ou frustrado e sugerir formas nas quais os déficits, problemas ou frustrações sentidos possam ser combatidos. Sendo assim, por exemplo, caso tenha havido recentemente muito conflito em uma sala de aula ou em uma sala de diretoria, uma preocupação com o respeito tem mais probabilidades de conquistar a simpatia do público. Ou, se estão sendo perdidos empregos na região devido à terceirização e os moradores mais capacitados estão assumindo empregos de alta tecnologia em outros lugares, pode ser oportuno concentrar-se na mente criadora.

Os que parecem abertos à mudança precisam ter contato com modelos – tanto com indivíduos quanto com instituições – que exemplifiquem as mudanças desejadas. Às vezes, esses modelos podem ser referências – exemplos a quem os defensores podem não conhecer pessoalmente, mas que admiram de longe. O biólogo E. O. Wilson pode servir de exemplo de uma mente sintetizadora, a bailarina Martha Graham exemplifica a mente criadora, a ambientalista Rachel Carson ilustra a mente ética, mas os exemplos mais eficazes são indivíduos conhecidos pessoalmente e que, embora não estejam imunes a fraquezas, apresentam regularmente características fundamentais dos papéis desejados.

Essas figuras exemplares devem apresentar uma visão burilada das características desejadas. Uma pessoa disciplinada deve corporificar as formas de pensar e agir que distinguem a(s) disciplina(s) de sua escolha e não apenas vomitar um monte de conhecimento heterogêneo sobre o tema. Um sintetizador deve juntar idéias de forma convincente e passível de replicação, e não simplesmente oferecer um pacote conveniente ou bonitinho. Uma mente criadora deve ser original e apropriada – não bastam a pura novidade a ou celebridade instantânea. Uma mente respeitosa deve transcender a mera tolerância, demonstrando interesse ativo e afeição por aqueles que têm aparência diferente, incluindo os de *status* inferior. Uma mente ética deve se comportar de maneiras que dêem suporte à profissão como um todo e à sociedade mais ampla – mesmo, e especialmente, quando essas ações contrariem o interesse próprio limitado.

É desnecessário dizer que o ambiente social nem sempre apóia a propagação desse tipo de modelos de referência positivos. É difícil ser um pensador disciplinado quando concursos na televisão premiam conhecimento factual discrepante. É difícil ser respeitoso com relação aos outros quando uma mentalidade baseada em vencer a discussão caracteriza a política e a mídia, e quando intimidadores descarados transformam-se em heróis culturais. É difícil comportar-se eticamente quando tantas recompensas – monetárias e de fama – são jogadas sobre aqueles que desprezam a ética mas não foram, pelo menos até agora, responsabilizados pela sociedade como um todo. Se nossa mídia e nossos líderes honrassem os cinco tipos de mentes previstos aqui, afastando aqueles que violam essas virtudes, o trabalho dos educadores e supervisores seria incalculavelmente mais fácil.

UMA ORDEM PARA DOMINAR AS MENTES?

Digamos, então, que as resistências se calaram e se criou uma atmosfera de apoio. Existe uma ordem ideal na qual introduzir esses tipos de mentes. Questiono se deveria concentrar a atenção inicialmente em um tipo de mente e, depois, na próxima, passo-a-passo. (Nisso, divirjo do educador Benjamin Bloom, com quem sou comparado às vezes.[1]) Considero preferível conceituar os cinco tipos de mentes de maneira epigenética. Ou seja, todo o espectro de mentes está no cenário, em princípio em forma incipiente, mas cada uma delas entra em cena durante um período específico do desenvolvimento. (Nisso, lembro meu professor, o psicólogo Erik Erikson, que introduziu a idéia de epigênese no desenvolvimento psicológico.[2]) Tendo estabelecido isso, vão aqui quatro comentários sobre os momento certos:

1. *Respeito*. Desde o princípio, deve-se começar criando uma atmosfera respeitosa em relação aos outros. Na ausência de civilidade, outros objetivos educacionais mostram-se infinitamente mais difíceis de atingir. Os casos de desrespeito devem ser rotulados como tal, e cada um deles deve ser desestimulado ativamente, e seus autores, afastados. (Uma observação sobre alfabetização: a primeira tarefa cognitiva para todas as escolas é o domínio das habilidades básicas de leitura, escrita e cálculo. Como isso é e tem sido há muito motivo de controvérsia, não é preciso tratar do tema aqui.)
2. *Disciplina*. Uma vez tendo-se alfabetizado é hora de adquirir as principais formas acadêmicas de pensar – no mínimo, científica, mate-

mática, histórica e artística. Cada uma delas leva anos para ser inculcada e por isso os atrasos custam caro.
3. *Síntese*. Equipado com as principais formas disciplinares de pensar, o estudante tem condições para fazer tipos criteriosos de síntese e, quando for o caso, realizar pensamento interdisciplinar.
4. *Ética*. Durante os anos do ensino médio e da faculdade, a pessoa torna-se capaz de pensar de forma abstrata e distanciada, podendo conceituar o mundo do trabalho e as responsabilidades do cidadão e agir a partir dessas conceituações.

Até mesmo essa ordem é, na melhor das hipóteses, simples e rústica, muito longe de uma seqüência lógica ou psicológica. Observe que não situei a criatividade em um lugar específico nessa seqüência. Uma ênfase em criatividade na educação formal depende de seu lugar na sociedade como um todo. Em uma sociedade como a dos Estados Unidos, na qual a criatividade é valorizada na mídia e nas ruas, não há um imperativo tão forte em se concentrar em usos criativos da mente em ambientes escolares formais. Em sociedades mais tradicionais, uma ênfase precoce na criatividade passa a ser importante nas escolas.

De qualquer forma, a criatividade anda de mãos dadas com o pensamento disciplinar. Na ausência de disciplinas relevantes, não é possível ser verdadeiramente criativo. Na ausência de criatividade, as disciplinas podem ser usadas apenas para repetir o *status quo*. Mais do que isso, a própria criatividade tem facetas diferentes. A personalidade do indivíduo criativo – robusta, disposta a correr riscos, resistente – precisa ser cultivada desde cedo, mas um questionamento competente do pensamento disciplinar requer, ao menos, um domínio superficial dessa disciplina.

Até mesmo as formas de mente que surgem mais tardiamente podem ser antecipadas. Por exemplo, embora o pensamento se mostre difícil antes da adolescência, nunca é cedo demais para apresentar exemplos de reflexão sobre as vantagens e desvantagens de várias linhas de ação, ou sobre a sabedoria de prestar atenção às opiniões de outros. O cultivo dessas disposições desde muito cedo facilita o caminho para o discurso ético e a tomada de decisões posteriormente. As pessoas de pouca idade podem aproveitar discussões em família ou em sala de aula sobre questões éticas, mesmo que não acompanhem completamente a lógica e o caráter abstrato de cada contribuição.

Não resta dúvida de que as escolas, as regiões e as sociedades serão diferentes em termos de sua ênfase nos vários tipos de mentes e na ordem em que os destacam. Essas variações são apropriadas e, mais do que isso, bem-vindas. Por exemplo, nem sabemos o suficiente para dizer com segurança que sintetizar vem antes de criar, e é provável que os indivíduos – e, talvez, os grupos e até mesmo sociedades inteiras – mostrem-se mais fortes em uma forma do que na outra.

AS CINCO MENTES E O FUTURO

Uma questão se destaca. Não importa qual tenha sido sua importância no passado, estas cinco mentes provavelmente serão cruciais em um mundo marcado pela hegemonia da ciência e da tecnologia, pela transmissão global de quantidades imensas de informação, pela realização de tarefas de rotina por computadores e robôs e pelos contatos cada vez maiores, de todos os tipos, entre populações distintas. Os que conseguirem cultivar essas cinco mentes têm mais chances de prosperar.

Em termos ideais, é claro, professores, educadores e supervisores deveriam apreciar e personalizar esses tipos de mentes. Na realidade, contudo, muitos indivíduos em posições de influência terão, eles próprios, deficiências em um ou mais tipos de mente. Na verdade, se minha própria análise estiver correta, como sociedade, até relativamente pouco tempo, estivemos cegos para a importância dessas mentes. (Um foco na informação de conteúdo, as provas padronizadas e as convenções muitas vezes arbitrárias do cotidiano escolar podem até nos dessensibilizar para a necessidade dessas mentes.) Essa situação só poderá ser corrigida se, no futuro, a formação de professores e de outros tipos de líderes priorizar as habilidades e disposições implicadas em cada tipo de mente.

Como se sabe se se está avançando na aquisição de cada uma dessas mentes? A resposta parece evidente por si só e, mesmo assim, precisa ser enunciada de forma direta: qualquer pessoa que afirme cultivar essas mentes deve ter um conceito de o que significa ser bem-sucedido e o que significa fracassar. Sempre é prudente visar a alvos razoáveis: o jovem músico, matemático ou profissional de *marketing* deverá ser melhor na disciplina ou na síntese no final do ano do que no começo, mas os avanços serão diferentes para cada pessoa, e os períodos de estase ou regressão podem ser antecipados. O cultivador precisa ter em mente o que significa ser *melhor*, de forma que ele e seu aluno possam ser críticos em relação a sucessivos esforços em termos de critérios relevantes. O pedagogo eficaz – seja um professor de 3ª série ou líder de uma equipe da SWAT – precisar estar ciente das resistências e de como melhor se contrapor a elas, e tanto ele quanto seus alunos precisam estar alertas para as pseudoversões que podem surgir e que aos não-iniciados parecerão exemplos verdadeiros de disciplina, síntese, criação, respeito e ética.

Em nenhum aspecto esses tipos de mente precisam representar uma soma-zero. Não há razão legítima pela qual o cultivo de uma mente deva impedir o cultivo de outra, mas, como questão prática, pode haver compensações. Um foco grande demais na disciplina pode impedir a criatividade. Caso se aceitem todas as limitações de uma disciplina, pode-se ficar relutante ou até incapaz de desviar delas. Como exemplo, pode também haver uma tensão entre respeito e criatividade. Esta requer que a pessoa esteja disposta a questionar a ortodoxia, mas o que acontece quando seu estimado mentor personaliza essa ortodoxia? Às vezes, pode haver uma tensão entre respeito e ética. Uma postura ética pode exigir que você se distancie de um colega que o está ofendendo e que você tentou tratar de maneira respeitosa. Ou, como ilustrado no exemplo de Lincoln, a função a que se é designado pode ditar uma linha de ação que seja repugnante em termos pessoais. À medida que amadurecem, as pessoas precisam estar alertas a essas tensões para que não sejam pegas de surpresa.

É tarefa do sistema educacional como um todo, no sentido mais amplo, garantir que o conjunto de mentes seja cultivado. Em um certo sentido, esse é um trabalho de síntese, o de se certificar de que todos os cinco tipos de mentes sejam desenvolvidos, mas é, igualmente, uma obrigação ética: nos próximos anos, as sociedades não sobreviverão, muito poucos prosperarão, a menos que, como cidadãos, respeitemos e cultivemos o quinteto de mentes valorizado aqui. Quando falo do "sentido mais amplo" da educação, tenho em mente que as escolas, sozinhas, não são capazes de cumprir a tarefa. A tarefa da educação deve ser compartilhada por pais, vizinhos, meios de comunicação tradicionais e digitais, a igreja e outras instituições da comunidade. As sociedades também irão diferir na divisão de responsabilidade pelo cultivo dessas mentes. Dessa forma, o respeito pode ser cultivado em casa, na escola e/ou nas ruas; os meios de comunicação de massa podem muito bem dar o exemplo do pensamento disciplinar em uma sociedade, interdisciplinar em outra ou não-disciplinar em uma terceira. Quando uma parte não participa, outras devem pegar a bola. Quando uma parte (digamos, a mídia) dá um mau exemplo, as outras (pais e líderes religiosos, por exemplo) devem compensar. E naqueles casos lamentáveis em que nenhuma dessas instituições assume sua parcela, a responsabilidade recai quase que inevitavelmente nas escolas – um estado de coisas que não é razoável.

Obviamente, o imperativo educacional vai além dos anos de escola. O local de trabalho, as profissões, os líderes e a infantaria da sociedade dos cidadãos devem todos fazer sua parte, e essa obrigação não pode ser rejeitada, postergada ou descartada em instituições que são incapazes de assumir a responsabilidade. Em termos ideais, claro, o administrador ou líder astuto

escolhe indivíduos que já possuam essas mentes; depois o desafio é mantê-las, afiá-las mais ainda, catalisá-las para que trabalhem juntas e oferecê-las como modelos de referência para futuros recrutados. Todavia, são poucos os executivos que têm tanta sorte assim. Quando se contrata alguém que se mostra deficiente em um ou mais desses tipos de mentes, a opção é clara:
1. Separar a pessoa da organização o mais rápido possível. Alguém que seja incapaz de respeitar e seja dado a atos antiéticos pode envenenar todo um departamento.
2. Designar esse indivíduo a um nicho em que a deficiência não represente ameaça para a organização. Por exemplo, nem todos os trabalhadores precisam ser sintetizadores ou criadores.
3. Deixar claro ao funcionário que ele precisa melhorar com relação a uma ou mais dessas competências. Dar exemplos do comportamento desejado e apontar para claras referências positivas (e negativas). Criar uma atmosfera positiva, de confiança. Estabelecer objetivos razoáveis. Proporcionar avaliações regulares e específicas. Se houver avanços, celebrar. Se não houver avanços em vista, recorrer às opções 1 ou 2. E, se concluir que muitos de seus funcionários são deficientes em um determinado tipo de mente, refletir sobre seus procedimentos de recrutamento, o *ethos* da instituição, seu próprio exemplo e seus próprios ensinamentos.

Ao examinar sistemas educacionais, políticos e gerenciais que podem realmente cultivar esses cinco tipos de mente, fico confiante de que nossos potenciais humanos positivos possam ser cultivados. As disciplinas, a síntese e a criatividade podem ser colocadas a serviço de todas as finalidades, incluindo as execráveis, mas essa perversão é muito menos provável se também cultivarmos um sentido de respeito e uma orientação ética. As cinco mentes podem e devem funcionar sinergicamente.

Podemos considerar sábia a pessoa na sociedade que cultiva essas mentes de maneira oportuna e emprega cada uma delas no momento e no lugar em que é mais necessária. Neste caso, mais uma vez, deve-se enfatizar a preeminência de objetivos e valores: um sistema educacional não é digno do nome a menos que seus representantes saibam formular com clareza onde esse sistema está tentando chegar e o que ele busca evitar ou restringir. Talvez os computadores possam adquirir letramento e alguma medida de pensamento disciplinado, mas ao nos dirigirmos às habilidades de síntese e de criação, vamos nos aproximando de esferas que são – e podem muito bem continuar sendo – distintivamente humanas. E, pelo menos segundo minha análise, os termos *respeito* e *ética* só fazem sentido em uma comunidade de seres humanos vitais, mas vulneráveis – fazer referência a um dispositivo mecânico, não importa o quão rápido e de quantos *bytes*, como "respeitoso" e "ético" seria cometer um erro de categoria.

Talvez os membros da espécie humana não sejam prescientes o suficiente para sobreviver, ou talvez sejam necessárias muito mais ameaças imediatas à nossa sobrevivência para que nos unamos ao nosso próximo. Em qualquer caso, a sobrevivência e a prosperidade de nossa espécie dependerão de nosso cultivo de potenciais que são distintivamente humanos.

NOTAS

1 Benjamin Bloom, *Taxonomy of Educational Objectives* (New York: Longmans, Green, and Co., 1956).
2 Erik H. Erikson, *Childhood and Society* (New York: Norton, 1963).

Índice

"abdução", na síntese, 50
abordagem, como componente da síntese, 49-50
abordagens "empreendedoras" de vendas, 80
ação local, globalização e, 24-25
Adams, John, 108
"adaptadores precoces", 80
adolescência
　atitudes em relação aos outros na, 96
　criatividade na, 78-79
　desenvolvimento da mente ética na, 136
　hipercrítica na, 78-79
　importância do grupo de pares na, 116-117
　pensamento analítico na, 124
　questões de pertencimento a grupos na, 100-101
　Ver também crianças; educação; anos intermediários da infância; estudantes
adultos
　influência sobre as crianças, 115
　pais (ver pais)
　professores (ver professores)
aforismos como síntese, 47-48, 51
agilidade conceitual, 36-37
"aglomerar", 134
Agostinho, Santo, 46
Alexandre, o Grande, 23
Alighieri, Dante, 45-46, 56
Amabile, Teresa, 79
Amazon.com, 81-83

ambiente
　apoio do, ao bom trabalho, 113-114
　papel do, nas relações respeitosas, 100
ambientes públicos, falso respeito em, 99
American Idol (série de televisão), 84
American Motors, 72
análise financeira, sínteses em, 47
anos intermediários da infância
　criatividade nos, 78-79
　preconceito nos, 96
　questões de pertencimento a grupos em, 100-101
　Ver também adolescência; crianças
"antimentores", 115
apetite por compreensão, 40
"aplicações matadoras", 82
apoio horizontal para o bom trabalho, 116-117
apoio vertical, para o bom trabalho, 114-116
Apple Computer, 102
aprendizagem
　gostar do processo de, 42
　memorização como técnica de, 30
　Ver também educação; aprendizagem a vida toda
aprendizagem a vida toda, 17, 40-41
　no conhecimento de conteúdos temáticos, 42
　pela mente disciplinada, 133
"aglomeradores"
　adequação da síntese e, 58

exemplo de, 56-58
Aquino, (São) Tomás de, 30, 46
aquisição de habilidades, formação disciplinar para, 40-41
artes
  como portas de entrada para mente disciplinada, 35
  conhecimento de conteúdos temáticos em, 27-28
  desaparecimento dos currículos, 79
  papel das diferenças de grupo em, 97
  projetos transculturais em, 105-107
  Ver também obras de arte
Aristóteles, 25, 30, 46, 60, 67
Arnold, Matthew, 67
arquitetura mental, ética como parte da, 129
Arthur Andersen, 80, 118, 121-122, 128-129
A Sagração da Primavera (Stravinsky), 48
Aspen Institute, 24
atitude abstrata necessária à ética, 112-113, 123-124, 130
atitude politicamente correta, 99-100
atitudes sociais, em relação ao pertencimento a grupos, 95
Auden, W. H., 94
autoconhecimento, síntese-mestre e, 62
avaliação
  ao julgar a síntese, 55-58
  como componente da síntese, 50, 63-64
  como elemento da criatividade, 74
  da criatividade, 85-86
  da síntese, 62-64, 68-69
  do bom trabalho, 118
  proporcionada por professores, 34
  proporcionar, 35, 142
  respeito e, 99
  sobre "representações da compreensão", 37
avaliação. *Ver* julgamento

Bach, Johann Sebastian, 71-72, 88
Barenboim, Daniel, 105-106, 108
Bellah, Robert, 58
Bellow, Saul, 97
Bennett, Alan, 32
Bergman, Ingmar, 48
Bíblia, 45, 47
bin Laden, Osama, 28
biologia
  conhecimento da criatividade e, 89-90
  conhecimento de conteúdos temáticos em, 28
  mente sintetizadora em, 61
Blair, Jayson, 117, 120
Bloom, Benjamin, 138
Bohr, Niels, 22
bom trabalho, 17, 113-119
  apoio horizontal para, 116-117
  apoio vertical ao, 114-116
  educação centrada no, 112, 122-130
  envolvente, 112, 121
  excelência do, 111-112, 121
  excelência em educação e, 113-114
  inoculações periódicas e, 117-120
  significados da expressão, 111-112, 121
  tendências sociais como ameaça ao, 121-122
Bonaparte, Napoleão, 89
BP, 53, 68
brainstorming, 83
bricoleur, 60, 69
Brief history of everything, A (Wilber), 55-56
Bronowski, Jacob, 68
Brown v. Board of Education (1954), 96
Brown, John Seely, 71, 102
Browne, John, 68
Bruno, Giordano, 71-72
Bryson, Bill, 55-56, 58, 63
Buckley, Bill, 118
Buffett, Warren, 79
Buonarotti, Michelangelo, 48
Burke, James, 127
busca obsessiva de disciplinas, 42-44

Cage, John, 88
campo social, como elemento da criatividade, 74
capacidade metafórica
  como sinal de genialidade, 60
  das crianças, 59
Capela Sistina, 48
capital, movimento global de, 23
Carson, Rachel, 25, 137-138
Castro, Fidel, 28
casualidade, papel na criatividade, 72-73
Catedral da Sagrada Família, 48
Celera, 89-90
cenário de "bajular de baixo e desprezar de cima", 98-99

Cenas de um casamento (filme; Bergman), 48
Chaplin, Charles, 48
China, educação na, 77-78
Churchill, Winston, 19, 24
cidadania
  bom trabalho e, 116-117
  dos pais, observação por parte das crianças de, 114-115
  orientação ética da, 112-113, 130
ciência
  como porta de entrada para a mente disciplinada, 35
  consiliência em, 67
  diferenças de grupo em, 97, 99
  educação em, 21-22
  evolução da, 19-20
  falsa criatividade na, 85-87
  importância da, 20-21
  limites da, 21-22
  método científico, compreensão do, 20-21
  vínculo com a tecnologia, 20
cientistas, pensamento disciplinado dos, 32
Cisco Systems, 81
Citicorp, 68
classificação de Lineu, como síntese, 47
Clinton, Bill, 68, 118
Coca-Cola/Bélgica, 127
códigos profissionais, bom trabalho e, 116-117
comissões de reconciliação, iniciativas de, 106-108
comparações feitas por crianças, 58-60
competição como substituto para o combate, 93
componentes da síntese, 49-51, 55, 63-64
comportamento
  deficiente, lidando com, 141-142
  disciplinar perspectivas de, 43
  ético, 127-129
  respeitoso ou desrespeitoso, 98-99
comportamento ético
  de empresas, 127-128
  testes do espelho para, 128-129
  Ver também respostas antiéticas
compreensão disciplinar
  ausência de, como carência de educação, 38-39
  conhecimento de conteúdos temáticos e, 37-40
  domínio da, 12-13, 43-44, 77, 78, 123, 139
  pontos de entrada para, 36-37
  Ver também disciplinas
computadores, 81-82, 89-90
comunidade
  acadêmica, 28
  atitudes em relação a grupos, 96
  eBay como, 81-82
  importância da ética e do respeito na, 143
  interesses da, criatividade e, 83-84
  padrões de bom trabalho e, 120
  todos os humanos como membros da, 104
conceitos complexos
  como síntese, 47, 51
  criatividade como, 72-74
  formação em, 63
  novos, trabalhos interdisciplinares e, 53-54
  qualidade de, 51
concepções equivocadas, efeitos da discussão aberta sobre, 101
condição de aprendiz, educação profissional por meio da, 30-31, 40-41
condição de mentor, 31, 115, 120
condições globais em mudança, educação e, 18-19
Conferência de Wannsee (1942), 104
conflito
  capacidade de realizar bom trabalho e, 127
  da era moderna, diferenças em, 93
  hostilidade entre grupos, 93
  racial e étnico, disciplinas sobre, 100-101
  Ver também guerra
Confúcio, 30
conhecimento
  "artes do conhecimento", 63
  "conhecimento central", 39-40
  factual, contexto do, 32-33
  "inerte", sem mente disciplinada, 32-33
  ordenamento do, 46
  ritmos de acumulação do, 45
"conhecimento central", 39-40
conhecimento de conteúdos temáticos
  aprendizagem a vida toda, 42
  como "ornamento útil", 35
  compreensão dos estudantes contrastada a, 27-28
  domínio de, pela elite instruída, 30
  educação em, mente disciplinada e, 32-34, 62

foco em, 140-141
pensamento disciplinar e, 37-40
conservadorismo
  como antiintegração, 59-60
  como obstáculo para o desenvolvimento de mentes, 136-137
  das empresas, criatividade e, 79-80
  na educação, 78
consiliência, 67
"contentar-se", na síntese, 50
conteúdo dentro de disciplinas, identificar, 35
consultoria em gestão
  criatividade em, 82-83
  formação em síntese, 68
contexto
  aquisição de letramento cultural e, 39-40
  do conhecimento factual, 32-33
contínuo de criatividade, 83-84
corporação respeitosa, 102-103
correlato objetivo, como síntese, 47
Council for Aid to Education, 65
crenças pessoais, deveres éticos em relação a, 125-126
criadores
  como dionisíacos, 88
  educação de, 76-82
  especialistas diferenciados de, 75
  objetivo de, 87-88
  obrigações de, 87
  traços de, 137-138
crianças
  adolescentes (*ver* adolescência)
  capacidade metafórica de, 59
  comparações feitas por, 58-60
  criatividade de, 76-77
  desenvolvimento da mente criadora pelas, 134
  desenvolvimento da mente respeitosa pelas, 94-96, 135
  desenvolvimento da mente sintetizadora pelas, 134
  nos anos intermediários da infância (*ver* anos intermediários da infância)
  observação do bom trabalho dos pais pelas, 114-115
  propensão a conectar-se, 58, 61-62
  qualidade da educação e, 113-114

resposta empática em, 94
trabalhos de aula de, 52
Ver também educação; estudantes
criatividade
  biologia e, 89-90
  coletiva, 82-84, 89
  idade e, 76-79
  não-disciplinada, 87
Crick, Francis, 20
critérios para julgamento
  de criatividade, 85-86
  de síntese, 62-64, 68-69
críticas das sínteses de estudantes/alunos, 63
Csikszentmihalyi, Mihaly, 73-74, 111
cultivo
  da criatividade, 88-89
  da mente respeitosa, 104-108
  das mentes, no local de trabalho, 18, 142
cultura
  diferenças em princípios éticos, 118
  movimento global de cultura popular, 23
  projetos transculturais em artes, 105-107
  tendência a formar grupos e, 92-93
cultura popular, movimento global da, 23
currículos
  desaparecimento das artes dos, 79
  globalização de, 23-24
  influência na mente respeitosa, 96-97
  Ver também educação
Curie, Marie, 25, 73

da Vinci, Leonardo, 46, 64, 67
Damon, William, 111
Dante. *Ver* Alighieri, Dante
dar exemplo
  da forma de pensar, 35
  do comportamento adequado, 142
  Ver também modelos de referência
Darwin, Charles, 20, 28, 47-50, 71
de Bono, Edward, 72-73
declarações de missão, como síntese, 48
Decline and fall of the roman empire (Gibbon), 47
decoração do corpo, 91
Dennett, Daniel, 58
desafio educacional, na mente sintetizadora, 62-65
desenvolvimento das cinco mentes

epigênese em, 138-140
mente criadora, 134-135
mente disciplinada, 133
mente ética, 136
mente respeitosa, 94-96, 135
mente sintetizadora, 58-62, 67-69, 134
resistências e obstáculos a, 136-138
desrespeito
  penalidades por, 99, 102
  sinais de, 98-99
  valor de, 102-103
"desterritorialização" na globalização, 22-23
dever ético, crenças pessoais e, 125-126
diferenças
  de grupo, 97-99
  detecção de, 94-95
  em princípios éticos, cultura e, 118
"justaposição disciplinar", 52, 62
dilema fins *versus* meios, 116-117
diplomacia do pingue-pongue, 106
disciplina (comportamento controlado)
  como prática cotidiana para adquirir domínio, 41-42
  criatividade e, 86
  de Teoria do Conhecimento, 67
  duplos significados de, 43-44
  Facing History and Ourselves, 100-101
  formas patológicas de, 42-44
  no pensar, 61
disciplinas acadêmicas
  adquiridas através da educação, 34
  participação no mundo e, 38
disciplinas profissionais
  necessidades de, 34
  participação em trabalho e, 38
disciplinas (ramos do conhecimento)
  busca obsessiva de, 42-44
  conhecimento de conteúdos temáticos comparados, 31-34
  definição de, 31-32
  domínio de, 12-13, 41-42
  integração de, 51-55
  prodígios imersos em, 43-44
  profissionais ou acadêmicas, 34, 38
  tempo dedicado ao estudo de, 35-36
  Ver também disciplinas específicas
discussão, desenvolvimento da tolerância e, 100-101
divisão de responsabilidade, pela educação, 141

domínio
  caminho evolutivo ao, 79
  da compreensão disciplinar, 12-13, 43-44, 77-78, 123, 139
  do conhecimento de conteúdos temáticos, 30
  uso da disciplina na aquisição de, 41-42
domínio(s)
  criatividade dentro de, 85-86, 87
  cultural(is), na criatividade, 73
  moral(is), do pertencimento a grupos, 95-96
domínio moral, do pertencimento a grupos, 95-96
"doses de reforço", bom trabalho e, 117-119, 120
Drucker, Peter, 74
Dunham, Yarrow, 96
Durkheim, Émile, 111
Dyson, Esther, 78

Early, Jay, 58
eBay, 81-82, 83
Edmondson, Amy, 102
educação
  alertas sobre, 21-22
  áreas futuras de concentração, 21, 25
  atual, obsolescência de, 24
  a vida toda, 17
  carência de, compreensão disciplinar e, 38-39
  centrada no bom trabalho, 112, 122-130
  da mente criadora, 76-82, 134-135
  da mente disciplinada, 34-41, 76, 133
  da mente ética, 122-130, 136
  da mente respeitosa, 135
  da mente sintetizadora, 61-65, 67-69, 76, 134
  das cinco mentes, futuro de, 140-143
  educação em conteúdos temáticos, 31-34, 62
  em ciência e tecnologia, 19-21
  em geral, 17-18
  ensinamento filantrópico, 104
  escolas de pós-graduação, 40-41
  estudos avançados e síntese, 67-69
  faculdades de administração, 31, 33, 127
  faculdades de direito, 31, 127
  faculdades de medicina, 31, 33

globalização e (*Ver* globalização)
importância de objetivos e valores para, 142-143
interdisciplinar, 51
intervenções éticas, 128-129
"justaposição disciplinar" em, 52, 62
local de trabalho e (*ver* local de trabalho)
no valor do respeito, 99-103
ocidental, mudanças em, 29-31
orientação religiosa de, 29-31
passado e futuro de, 18-19
profissional (*ver* educação profissional)
qualidade de, crianças e, 113-114
responsabilidade moral por, 31
secularização de, 30-31
somente em ciência, insuficiente, 21
testagem padronizada em, 37-38, 64-65, 72-73, 140-141
Ver também currículos
educação formal. *Ver* educação
educação moral, responsabilidade pela, 31
educação profissional
antiintegração, 60
condição de aprendiz como, 30-31, 40-41
crescimento da, no século passado, 31
das cinco mentes, 141-142
educação continuada no local de trabalho, 24-25, 40
em escolas de pós-graduação, 40-41
"pedagogias típicas" da, 33-34
programas de formação para executivos, 31
propósito de, 40
Educational Testing Service, 65
Einstein, Albert, 54, 58, 74, 85
Elgin, Duane, 58
Eliot, Thomas Stearns, 47, 49
elite educada, 30
Elizabeth I, Rainha da Inglaterra, 88
Ellington, Duke, 74
e-mail, 23
empresas
conservadorismo de, criatividade e, 79-80
"empresa respeitosa", 102-103
responsabilidade pelo comportamento ético, 127-128
Ver também empresas; local de trabalho
empresas de consultoria, 68, 82-83
Encyclopedia Britannica, 46, 84

engenharia genética, 89-90
Enron, 80-82, 84, 118, 121-122
ensino em casa, 17
envolvimento em bom trabalho, 112-122
epigênese no desenvolvimento das cinco mentes, 138-140
equipes
criatividade em, 82-84, 89
estudos de, 102
interdisciplinares, 51
Erikson, Erik, 138
ética
atitude abstrata necessária à, 112-113, 123-124, 130
cidadania e, 112-113, 130
como parte da arquitetura mental, 129
desenvolvimento da, 139
educação em, 127
em conflito com o respeito, 140-141
importância para a comunidade, 143
princípios éticos, 118, 120-121
professores como modelos de referência de, 122-123, 129
relação da, com o respeito, 124-126
esboços, como componentes da síntese, 50, 64
escândalos contábeis, 80-82, 84, 118, 121-122, 128-129
escola de *design*, pedagogia de, 33
escolas de pós-graduação, 40-41
esfera cultural, como elemento da criatividade, 73
especialistas, criadores diferenciados de, 75
especialização, inteligência *laser* e, 61
estratégia(s)
como componente(s) da síntese, 49-50, 55
como síntese, 47
de dividir e conquistar, criatividade e, 80
formação explícita em, 63-64
estratégia de dividir e conquistar, efeitos sobre a criatividade, 80
estudantes
como aprendentes disciplinados, 123
conhecimento de conteúdos temáticos dos, 27-28
crianças. (*Ver* crianças)
críticas das sínteses dos, 63
disciplinas acadêmicas, 34, 38
estudiosos da literatura, 32

etapas evolutivas do desenvolvimento, capacidade para pensamento sintético, 62
evolução da ciência e da tecnologia, 19-20
excelência
  do bom trabalho, 111-112, 121
  em educação, bom trabalho e, 113-114
executivos
  síntese como primeiro passo para, 51
  formação em síntese para, 67-68
"experiência-limiar", 35
explicações monocausais, 28

faculdades de administração, 31, 33, 127
faculdades de direito, 31, 127
faculdades de medicina, 31, 33
falsa criatividade, 84-87, 134-135
falsa disciplina, 133
falsa síntese, 134
falso respeito, 98-99, 135
fenômenos, trabalho interdisciplinar sobre, 54-55
ferramentas, como componentes da síntese, 49-50, 55, 64
Feuerstein, Aaron, 117
filosofia, cultivo do respeito, 104
física
  conhecimento de conteúdos temáticos em, 27-28
  pensamento disciplinar em, 37-38
Física (Aristóteles), 46
Fleischmann, Martin, 85-87
"flogístico", 85
Florida, Richard, 89
"fluência", 42, 75, 114
formuladores de políticas, 13-14, 21
fracasso, 75, 140-141
Franklin, Benjamin, 12
Freud, Sigmund, 47-50, 71, 79, 111
Friedman, Milton, 74, 119
Friedman,Thomas, 22
Frist, Bill, 118
fusão a frio, 85-87

Galilei, Galileu, 20, 28, 71
Gandhi, Kishore, 58
Gandhi, Mohandas (Mahatma), 99, 107
Gardner, John, 61
Garvin, David, 102

Gates, Bill, 22, 25, 68
Gaudi, Antoni, 48
GE (General Electric), 48, 80
Gebser, Jean, 58
Gehry, Frank, 89-90
Gell-Mann, Murray, 46
General Electric (GE), 48, 80
genocídio, 93, 106-108
genotecnologias, 89-90
gestão
  formação em síntese para, 67-68
  mente disciplina em, 14-15
  mente sintetizadora em, 15
Ghose, Sisirkumar, 58
Gibbon, Edward, 47
globalização, 22-25
  "desterritorialização" na, 22-23
  cinco mentes e, 24-25
  dos currículos, na educação, 23-24
  educação continuada no local de trabalho e, 24-25, 40-41
  educação em ciências na, 22
  novas práticas educacionais e, 19
Goethe, Johann Wolfgang von, 25
Google, 81-83
gostar do processo de aprendizagem, 42
Gould, Stephen Jay, 68
Graham, Martha, 25, 48, 50, 137-138
Grande Cadeia do Ser, 57-58
Greeley, Horace, 125-126
Gregorian,Vartan, 45, 68
Grove, Andy, 68
grupos
  aproximação entre, respeito e, 105-107
  atitudes da comunidade em relação a, 96
  capacidade das crianças de detectar diferenças em, 94-95
  de interesse, 126
  desrespeitosos, ostracismo de, 99, 102
  diferenças de, 97-99
  diferentes, trabalho em equipe entre, 100
  inter-relacionamentos entre, 92-93
  na adolescência, 100-101, 116-117
  pertencimento a, esferas morais dos, 96
  rituais de pertencimento, 99, 102
  tendência a formar, cultura e, 92-93
grupos de interesse, capacidade de realizar bom trabalho e, 126

Guernica (Picasso), 48, 52
guerra
  conflito ritual, 92
  da era moderna, ilimitada, 92-93
  estudos sobre resgatadores da Segunda Guerra Mundial, 104-105
  Ver também conflito
Guerra e paz (Tolstói), 47

Habermas, Jürgen, 58
habilidades de gestão, trabalho conjunto bem-sucedido em, 102
hábitos, incapacidade de mudar, 28-29
Harman, Sidney, 79
Harris, Judith Rich, 116
Harvard Business Review, 46
Heard, Gerald, 58
Hegel, Georg Wilhelm Friedrich, 49
Helms, Jesse, 118
Hemingway, Ernest, 52
Hill and Barlow (escritório de advocacia), 120-121, 128-129
Hirschman, Albert O., 125-126
história
  como porta de entrada para uma mente disciplinada, 35
  conhecimento sobre conteúdos temáticos em, 28
  mente respeitosa e, 100-101
  papel das diferenças de grupo em, 97
  pensamento disciplinar em, 38
historiadores, pensamento disciplinado dos, 32
history boys, The (Bennett), 32
Hitler, Adolf, 28, 97, 99
Hodges, Albert, 125-126
Hogarth, William, 48
Holton, Gerald, 48
Houston, Jean, 58
humanidades, diferenças entre grupos e, 97, 99
Hussein, Saddam, 28
IBM, 48
idade, criatividade e, 79
identificação de interesses, 35
ideologia socialista, bom trabalho e, 114
imagens, como sínteses, 48, 51
Immelt, Jeffrey, 80-81
improvisação, 83
IMs. *Ver* inteligências múltiplas

incapacidade de agir, 136-137
indivíduo como elemento de criatividade, 73
indivíduos respeitosos, características de, 99
informação
  como "conhecimento inerte" sem mente disciplinada, 32-33
  foco no conhecimento sobre conteúdos temáticos, 140-141
  fontes de, síntese das, 46
  movimento no ciberespaço, 23
  organização da, 19
inovação, 71-72, 89
integração, de disciplinas, 51-55
Intel, 68
inteligência
  formas de síntese e, 61, 68
  inteligências múltiplas, 13, 16, 36, 61
  simulação de, por computador, 89-90
inteligência artificial, 89-90
inteligência do tipo holofote, 61, 68
inteligência *laser*, 61
inteligências múltiplas (IMs)
  mente disciplinada e, 36
  formas variáveis de síntese e, 61
  teoria das, 13, 16
interesse próprio, conseqüências éticas do, 119
internet, criatividade nos negócios e, 81-82
intervenções éticas em educação, 128-129
intervenções, para estimular o trabalho ético, 128-129

Jackson, Jesse, 118
jargões em educação 23-24
Jefferson, Thomas, 108
Joana D'arc, 32
Johnson & Johnson, 127
Jolie, Angelina, 72
Joy, Bill, 89-90
Joyce, James, 74
"justaposição disciplinar", 52, 62

Kant, Immanuel, 64, 84
Keats, John, 25
Keynes, John Maynard, 72, 74, 75
Kolbert, Elizabeth, 120
Kramer, Rodney, 102-103
Kuhn, Thomas, 49

Laszlo, Erwin, 58
Lavoiser, Antoine, 85
Lay, Kenneth, 121-122
Lennon, John, 74
Lenski, Gerhard, 58
letramento cultural, 39-40
letramento, desenvolvimento do, 138
Lévi-Strauss, Claude, 60, 92
Liberdade de expressão, questão de respeito e, 104
liderança
  criatividade e, 89
  mente criadora em, 16-17
  mente disciplinada em, 14-15
  positiva, desenvolvimento do respeito e, 101-102
  potencial para, na adolescência, 104
liderança transformacional, 16, 89
liderança visionária, criatividade e, 89
limpeza étnica, 106-108
Lincoln, Abraham, 125-127, 141
literatura, pensamento disciplinar em, 38
livros de Harry Potter, 78-79
local de trabalho
  ciência e tecnologia no, 22
  criatividade no, 79-82
  cultivar mentes no, 18, 142
  educação continuada no, 24-25, 40-41
  educação das cinco mentes no, 141-142
  escola como, 123
  mente criadora no, 134-135
  mente disciplinada no, 133
  mente ética no, 136
  mente respeitosa no, 135
  mente sintetizadora no, 15, 134
  multiperspectivismo no, 66-67
  práticas antiéticas no, 116-118
  preparação educacional para, 33-34
  respeito no, 101-103
  sabedoria popular no, 48
  Ver também negócios; empresas
Lockheed Martin, 127-128
Lyotard, Jean-François, 49, 52

Ma, Yo-Yo, 106-107, 130
Madonna, 72
Malraux, André, 52
Mandela, Nelson, 107
Mao Tsé-Tung, 89

Marshall, Paula, 121
Marx, Karl, 49, 51
matemática
  como porta de entrada para uma mente disciplinada, 35
  diferenças entre grupos e, 97, 99
McDonald's, 93
medicina
  equipes interdisciplinares na, 51
  pensamento disciplinar em, 38
  seleção genética, 54-55
meios de comunicação de massa, 17, 82
memória verbal, necessidade de, 19
memorização
  como técnica de aprendizagem, 30
  obsolescência da, 38
  "representações da compreensão" comparadas, 37-38
Mêncio, 30
Mendel, Gregor, 20, 71-72
Mendeleyev, Dmitry Ivanovich, 47
mente criadora, 12-13, 16-17, 71, 89-90
  características da, 134-135
  criador *versus* especialista, 75
  criatividade "falsa", 84-87, 134-135
  criatividade como conceito, 72-75
  educação da, 76-82, 134-135
  em grupos, 82-84, 89
  futuro da, 89-90
  globalização e, 24-25
  síntese e, 87-89
mente disciplinada, 27-44
  adquirir domínios, 12-13, 41-42
  alertas sobre, 42-44
  características de, 133, 137-138
  conhecimento de conteúdos temáticos e, 27-28, 32-34, 62
  criatividade como parceira da, 139
  educação e, 34-41, 133
  em gestão e em liderança, 14-15
  globalização e, 24-25
  mudanças na educação ocidental e, 29-31
  pensamento inadequado nas profissões, 28-29
mente ética, 12-13, 16-17, 111-130
  ameaças à orientação ética, 119-122
  bom trabalho e (*ver* bom trabalho)
  características da, 136
  cultivo da, 139-140

desenvolvimento da, na adolescência, 136
educação da, 122-130, 136
globalização e, 25
traços da, 137-138
mente respeitosa, 12-13, 16, 91-108
  características da, 135
  conflito da era moderna e, 92-93
  desenvolvimento de, na infância, 94-96, 135
  em desacordo com outras mentes, 140-141
  formas de cultivar, 104-108
  globalização e, 25
  pertencimento a grupos e, 91-92
  relacionamentos entre grupos e, 92-93
  respeito como objetivo razoável, 93-94
  traços da, 137-138
  valor do respeito, 99-103
  variantes falsas de, 96-99
mente sintetizadora, 12-13, 45-69
  adequação da síntese, 55-58
  características da, 134
  componentes da síntese, 49-51, 55, 64
  desafio educacional em, 62-65
  dificuldade de desenvolver, 58-61
  globalização e, 24-25
  multiperspectivismo e, 65-67
  no local de trabalho, 15, 134
  programas educacionais para desenvolver, 67-69
  síntese interdisciplinar, 51-55
  tipos de sínteses, 47-48
mentes
  cultivo das, no local de trabalho 18, 142
  cultivo de, 133-143
  desenvolvimento das (*Ver* desenvolvimento das cinco mentes)
  educação das (*Ver* educação)
  futuro das, 140-143
  visão global das, 11-25
mercados, conseqüências morais e, 119
Merck/EUA, 127
"metaconhecimento", 63
Metafísica (Aristóteles), 46
metáforas
  como síntese, 48, 51
  instrução em, 63
  predisposição a, 60-61
  qualidade das, 51
"metapensamento", 72-73
Metateoria, como síntese, 49

método socrático, 33
método, como componente da síntese, 49-50, 55
metodologia, dentro das disciplinas, identificação, 35
Michelangelo (Buonarotti), 48
Michelson, Albert, 85
Microsoft Corporation, 68
Minow, Martha, 107
missão, comportamento ético e, 128
modelos de referência
  comportamento ético e, 116-117, 128
  exposição a, mudança e, 137-138
  falta de apoio da sociedade a, 137-138
  na avaliação de projetos, 62
  pertencimento a grupos de, 95-96
  professores como, por postura ética, 122-123, 129
  professores como, por postura respeitosa, 96-97
modismo, 136-137
Molière, Jean-Baptiste, 128-129
Monnet, Jean, 25
Morley, Edward, 85
Mozart, Wolfgang Amadeus, 73, 75, 88
muçulmanos, questão do respeito, 102-103
mudança
  contato com modelo de referência e, 137-138
  em condições globais, educação e, 18-19
  princípios éticos e, 120-121
  rápida, desrespeito e, 102-103
multiperspectivismo, 65-67, 78-79
Murdoch, Rupert, 79
Murphy, Michael, 58
Nader, Ralph, 117

nanotecnologia, 89-90
narrativas
  como síntese, 47, 51
  exemplo de, 55-56
  qualidade das, 51
nazismo
  abordagem de múltiplas perspectivas ao estudo do, 66
  Conferência de Wannsee (1942), 104
  estudos sobre resgatadores, 104-105
  Hitler e, 28, 97, 99
  razões para o apoio ao, 97
  teorias raciais do, 92

negócios
  "corporação respeitosa", 102-103
  criatividade em, 72-73, 81-83
  diferenças de grupo em, 97-98
  novas formas de, internet e,
  trabalho interdisciplinar em, 53-55
  Ver também corporações; local de trabalho
neotenia, 76-77
nos negócios, 72-73, 81-83
  como conceito, 72-75
  compreensão disciplinar e, 77-78, 139
  conservadorismo e, 79-80
  contínuo de, 83-84
  criatividade coletiva, 82-84, 89
  critérios para julgamento de, 85-86
  cultivo, 88-89
  dentro de esferas, 73, 85-86, 87
  disciplina e, 86
  elementos de, 73-74
  falsa, 84-87, 134-135
  falta de disciplina e, 86
  gama de realizações em, 73-74
  liderança e, 89
  multiperspectivismo e, 78-79
  no local de trabalho, 79-82
  provas padronizadas de, 72-73
  síntese e, 87-89
neurociência, conhecimento da, 20-21
neurotecnologias, 89-90
New York Times, 117, 120, 128-129
Newton, Isaac, 20, 28, 56, 67
Nietzsche, Friedrich, 88

O anel dos Nibelungos (Wagner), 48
objetivos, 140-142
  como componentes da síntese, 49, 55, 64
  dos criadores ou sintetizadores, 87-88
  educacionais, dificuldades de enunciar, 21
  importância de, na educação, 142-143
  objetivos educacionais, dificuldade de enunciar, 21
  objetivos razoáveis
    estabelecer e atingir, 140-141
    para aprimoramento pessoal, 142
    respeito por outros, 93-94
  obstáculos, ao desenvolvimento de mentes, 136-138
obras de arte
  Guernica (Picasso), 48, 52
  síntese palavras em, 48-50
ocupações e ofícios
  condição de aprendiz em, 30-31, 40-41
  papel das disciplinas em, 34
Oliner, Samuel, 105
ostracismo, de pessoas ou grupos desrespeitosos, 99, 102

pais
  grupo de pares determinado por, 116
  papel na educação, 17
  papel na orientação ética, 114-115, 119-120
  valores aprendidos com os, 105
Paley, Vivian, 95
Palo Alto Research Center (PARC; Xerox), 102-103
Pan American Airlines, 72
pares
  influência sobre o bom trabalho, 116
  papel da educação, 17
  papel na orientação ética, 119-120
  qualidade do grupo de pares, 116-117
"pedagogias típicas", das profissões, 33-34
Peirce, Charles Sanders, 50
pensamento (pensar)
  "metapensamento" e pensamento lateral, 72-73
  analítico, na adolescência, 124
  dar exemplos de formas de pensar, 35
  disciplina em, 61
  disciplinar, conhecimento do conteúdo temático e, 37-40
  inadequado, nas profissões, 28-29
  mente disciplinada e, 32
  sintético, desenvolvimento da capacidade para, 61
pensamento lateral, 72-73
perdão, reconciliação e, 107
Perkins, David, 35, 63
personalidade dos criadores, 75
perspectiva antropológica, 12
perspectiva científica, 12
perspectiva do espectador imparcial, 125-126
perspectiva econômica, 12
perspectiva histórica, 12

perspectiva humanista, 12
perspectiva política, 12
perspectivas não-disciplinares, benefícios das, 66
pertencimento, sentido de, 95
"perversidade polimorfa", em crianças, 62
Picasso, Pablo, 48-50, 52, 58, 67, 74
Pirandello, Luigi, 40
Pitt, Brad, 72
Platão, 46
Plutarco, 33
Poe, Edgar Allan, 72-73
Poética (Aristóteles), 46
política
  bom trabalho e, 116
  ceticismo com relação à, 116-117
  diferenças entre grupos em, 98
Pons, Stanley, 85-87
ponto de partida. *Ver* postura
pontos de entrada para compreensão disciplinar, 36-37
Porter, Michael, 47, 74
postura
  como componente da síntese, 49-50, 55, 64
  dos criadores, 75
  ética, modelos de referência para, 122-123, 129
  respeitosa, modelos de referência para, 96-97
postura hipercrítica, na adolescência, 78-79
prática cotidiana (estudo), importância de, 41-42
práticas antiéticas, 136
  escândalos de contabilidade, 80-82, 84, 118, 121-122, 128-129
  no local de trabalho, 116-118
preconceito subjacente, 96
Presley, Elvis, 72, 84
Priceline, 81
Principia (Newton), 56
problemas
  profundos, criatividade e 83-84
  soluções criativas de, 73
  trabalho interdisciplinar e sobre, 55
problemas profundos, criatividade e, 83-84
prodígios
  como especialistas, não-criadores, 74-75
  imersão em disciplinas, 43-44

professores
  avaliação proporcionada por, 34
  como modelo de referência em ética, 122-123, 129
  como modelo de referência em respeito, 96-97
  ensino filantrópico, 104
  pedagogos eficazes, 140-141
profissionais
  bom trabalho por parte de, 126
  características dos, 112-113
  importância dos pares para, 116-117
  "profissionais reflexivos", 40-41
profissões
  bom trabalho nas, 112-113
  disciplinas relevantes determinadas por, 35
  educação e (*Ver* educação; educação profissional)
  pensamento inadequado nas, 28-29
  significado interdisciplinar nas, 51
  trabalho interdisciplinar nas, 53
  programa Common Cents, 104
  programas de educação para executivos, 31
  programas de fonte aberta, 83
Projeto Rota da Seda, 106-107
psicologia
  conhecimento da, 20-21
  evolutiva, sobre a formação de grupos, 92
psicologia evolutiva, sobre formação de grupos, 92

Qaddafi, Muammar al-, 28

Rafael (Sanzio), 76
Rake's Progress (Hogarth), 48-49
Rawls, John, 17
Redstone, Sumner, 79
Reed, John, 68
Reggio Emilia, Itália, 113-115, 120-129
regras, como síntese, 47-48
relações entre grupos, 92
  aproximação, respeito e, 105-107
  hostilidade, 92
relações sociais, dicotomização das, 92
relatividade, teoria da, 54
religião
  bom trabalho e, 114-116
  na educação formal, 29-31
  papel do divino na criatividade, 72-73

uso de vestimentas religiosas, 102-103
"vocação" e, 111
Renascimento, mudanças na educação devido ao, 30-31
"representações da compreensão", 37-38
resgatadores, na Segunda Guerra Mundial, estudos sobre, 104-105
resistências e obstáculos ao desenvolvimento de mentes, 136-138
respeito
  aproximação entre grupos e, 105-107
  como objetivo razoável, 93-94
  como uma questão importante para os muçulmanos, 102-103
  comportamento respeitoso ou desrespeitoso, 98-99
  cultivo do, na filosofia, 104
  desenvolvimento de, 101-102, 138
  falso, 98-99, 135
  importância do, para a comunidade, 143
  julgamento e, 99
  liberdade de expressão e, 103
  na sociedade civil, 97, 101-103
  professores como modelos de referência de, 96-97
  relação com a ética, 124-126
respeito da situação específica, 99
respeito, específico do momento, 99
responsável, bom trabalho como, 112, 121
resposta empática em crianças, 94
Retórica (Aristóteles), 46
revista *Newsweek*, 113
Revolução Cultural (China), 77
riscos ocultos, como obstáculo ao desenvolvimento de mentes, 136-137
rituais de pertencimento a grupos, 91-92
Roberts, Michael, 102
robótica, 89-90
Rubinstein, Artur, 43-44
Runciman, W. G., 58
Rushdie, Salman, 103

sabedoria popular como síntese, 47-48
"sabedoria das multidões", 84
Sacks, Jonathan, 119
Said, Edward, 105-106, 108
Saint-Saëns, Camille, 75
Sanzio, Rafael, 76
Schön, Donald, 40

Sears Roebuck, 72
secularização da educação, 30-31
seleção genética, 54-55
"separação", 134
"separadores", 58
seres humanos
  como membros de uma comunidade, 104
  movimento global de, 23
  simulação por computador do intelecto, 89-90
serviços à comunidade, 116-117, 123
Severs, Richard, 46
Shakespeare, William, 33, 40, 75
Shaw, George Bernard, 32
Short History of Nearly Everything, A (Bryson), 55-56
Shulman, Lee, 33
símbolos comerciais, 23
Singer, Peter, 125
síntese, 45-47
  adequação da, 55-58
  componentes de, 49-51, 55, 63-64
  conceitos complexos como, 47, 51
  criatividade e, 87-88
  critérios para julgamento de, 62-64, 68-69
  desenvolvimento de, 139
  educação das cinco mentes como, 141
  exemplo de processo, 50-51
  falsa, 134
  formação explícita em, 63, 67-69
  formas de inteligência e, 61-62, 68
  inadequada, riscos de, 51-52
  metáforas e temas como, 48
  metateoria como, 49
  narrativas como, 47, 51, 55-56
  no trabalho interdisciplinar, 51-55
  regras ou aforismos como, 47-48, 51
  sem palavras, em obras de arte, 48-49
  taxonomias como, 47
  teorias como, 49
  testes padronizados sobre, 64-65
síntese específica de tópicos, 68-69
síntese específica de uma missão, 68-69
síntese padrão, 50
sintetizadores
  características dos, 137-138
  como apolíneos, 88
  objetivos dos, 87
sistema decimal de Dewey como síntese, 47

Skunk Works, 24, 51, 80
Sloan, Alfred P., 74
Smartest Boys in the Room, The (filme), 121-122
Smith, Adam, 47-49, 51, 67, 119
Snow, C. P., 61
sociedade
　apoio ao bom trabalho, 112
　bem estar da, mercados e, 119
　civil, respeito na, 97, 101-103
　cultivo da criatividade, 88-89
　cura, reconciliação e, 108
　divisão de responsabilidade pela educação, 141
　falta de apoio aos modelos de referência, 137-138
　intolerante, educação na, 99
　lugar da criatividade na, 139
sociobiologia, sobre a formação de grupos, 92
Sócrates, 46
Sony, 53
Sousa, John Philip, 58
Stewart, Jon, 117
Stravinsky, Igor, 49, 88
Summers, Lawrence, 125-127

talentos, identificação de, 35
taxonomias
　como síntese, 47, 51
　formação em, 63
　qualidade de, 51
Taylor, Alastair, 58
técnicas de entrevista para empregos, 37-38
tecnologia
　como instrumento na síntese, 64, 67
　educação em, 19-21
　evolução da, 20
　futuro da, 89-90
　importância da, 20-21
　inovação e, 71-72
　limites da, 21-22
　tecnologias disruptivas, 53-54
tecnologias do silício, 89-90
telefonia móvel, 23
temas, como sínteses, 48
temperamento, dos criadores, 75
tempo, dedicado ao estudo das disciplinas, 35-36
Tempos Modernos (filme; Chaplin), 48

tendências sociais, como ameaça ao trabalho ético, 121-122
teoria da relatividade, 54
teoria das inteligências múltiplas (IMs), 13, 16
teoria evolutiva, mente disciplinada e, 27-28
Teoria geral do emprego, dos juros e da moeda, (Keynes), 75
Terra devastada (Eliot), 49
teorias
　como síntese, 48
　evolucionista, mente disciplinada e, 28
　instrução em, 63
　qualidade das, 51
　raciais nazistas, 92
terreno comum, na superação do ódio, 126
Terris, Daniel, 127-128
terrorismo, 23, 101
"terrorismo sem pátria", 23
teste do espelho individual, para o comportamento ético, 128-129
teste do espelho, para o comportamento ético, 128-129
teste do espelho profissional, para o comportamento ético, 128-129
testes padronizados
　de criatividade, 72-73
　exploração de síntese de capacidades de, 64-65
　foco em, 140-141
　inutilidade de, 37-38
Thatcher, Margaret, 88
"*themata*", da síntese, 48
tiras, como forma de ridicularizar, 103
tolerância, 94, 96
Tolstoi, Leon, 47, 97
tomada de decisões como processo, 102
"tormentores", 115
"trabalho com qualidade comprometida", 112-113
trabalho em equipe
　bem-sucedido, habilidades de gestão e, 102
　entre grupos diferentes, 99-100
　produtivo, multiperspectivismo e, 66-67
trabalho interdisciplinar
　"justaposição disciplinar" contrastada com, 52
　formação para, 67
　multiperspectivismo e, 65-67

síntese e, 51-55
Ver também disciplinas
trabalho *pro bono*, 117
trabalhos conjuntos ao "estilo de Hollywood", 82-83
trabalhos de aula,"interdisciplinaridade", 52
transparência, dos bons trabalhos, 118
3M, 53, 80

"usuários criativos", 80

valores, 12
  aprendidos com os pais, 105
  importância de, em educação, 142-143
  respeito, educação sobre, 99-103
valores humanos. *Ver* valores
van Gogh, Vincent, 71-72
Velasquez, Diego, 73
Ventura, Jesse, 118
Versos Satânicos, os (Rushdie), 103

Vidas (Plutarco), 33
Virgílio, 56
"vocação", fundamento religioso da, 111

Wagner, Richard, 48, 74
Wall Street Journal, The 85-86
Watson, James, 20
Weber, Max, 111
Welch, Jack, 80
West-Eastern Divan Workshop, 105-106
Westinghouse, 72
Whitehead, Alfred North, 32-33
Wikipédia, 83-84
Wilber, Ken, 56-58, 63
Wilson, E. O., 67-68, 137-138
Woolf, Virginia, 73
www.goodworkproject.org, 129

Xerox Corporation, 102-103

Zola, Émile, 97